100 Tips Kalligraphie

JUDY KASTIN

KÖNEMANN

This book was designed and produced by
Quarto Publishing plc,
The Old Brewery, 6 Blundell Street, London N7 9BH

Original title: 100 Great Calligraphy Tips

Übersetzung aus dem Englischen: C. S. Keutmann-Wohlthat
Redaktion und Satz der deutschen Ausgabe: Königsdorfer Medienhaus
Druck und Bindung: Leefung Asco Printers Ltd.
Printed in China

ISBN 3-8290-0554-7

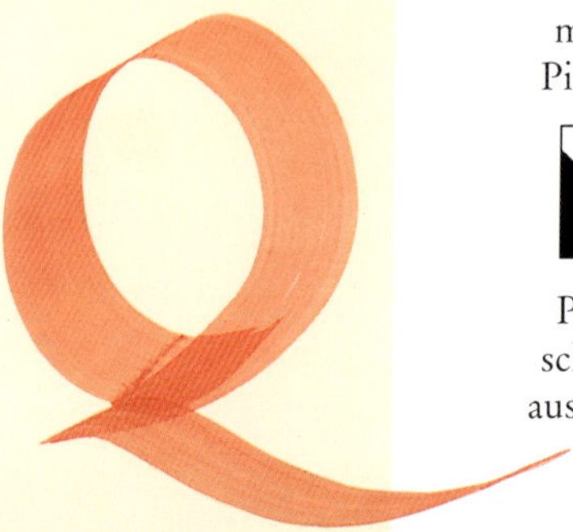

Inhalt

ZU DIESEM BUCH
SEITE 6

SCHREIBWERKZEUG
SEITE 8

1 Kalligraphiemarker 8
2 Mit Faserschreibern arbeiten 8
3 Eintauchfedern 9
4 Federkasten 9
5 Reservoir selbstgemacht 10
6 Füllen mit dem Pinsel 10
7 Neuformen des Pinsels 11
8 Bleistifte 11
9 Zimmermannsbleistifte 12
10 Schaumstoffpinsel 12
11 Plakatschreiber aus Filz 13
12 Ungewöhnliche Mittel 14
13 Federn selbstgemacht 15
14 Rollstop für Schreibzeug 15

MATERIAL UND AUSRÜSTUNG SEITE 16

15 Zeichenbrett 16
16 Tusche verdünnen 17
17 Tuschehalter 17
18 Reibetusche 18
19 Ideen, die haften 18
20 Farbwahl 18
21 Lichtechtheit 19
22 Mit Gouache arbeiten 20
23 Mischfolge 20
24 Mehr als genug 21
25 Verunreinigungen vermeiden 21
26 Sesam, öffne dich! 22
27 Gefahren 23
28 Ein gutes Lineal 23
29 Leuchtkästen 24
30 Fotokopierer 24

VORÜBUNGEN SEITE 25

31 Groß anfangen 25
32 Durchpausen 26
33 Kettenalphabet 26
34 Abc-Merksprüche 27
35 Locker und leicht 27
36 Das Kleinschreiben 28
37 Übergroße Schriften 28
38 Gegen das Verwackeln 28
39 Die Schreibtechnik wechseln 29
40 Auf die Oberseiten achten 29

ENTWURF UND GESTALTUNG SEITE 30

41 Über den Daumen gepeilt 30
42 Grobskizze 30
43 Vergrößern und verkleinern 31
44 Rechenscheibe 31

45 Festlegen der Ränder 32
46 Rechte Winkel 32
47 Zentrieren 33
48 Gleichmäßige Unterteilung 33
49 Im Kreis schreiben 34
50 Verzierte Großbuchstaben 34
51 Schnörkel 34
52 Mit offenen Augen betrachtet 35
53 Gießbäche vermeiden 35
54 Welche Umschläge? 36
55 Sammelaufträge 36

SPEZIALEFFEKTE SEITE 37

56 Doppelfarben 37
57 Farbwechsel 38
58 Verlaufende Farben 38
59 Negativeffekt 39
60 Spaß mit Markern 40
61 Mit Markern malen 40
62 Trickstreifen 41
63 Buntstifte 41
64 Glitzerschrift 42
65 Thermographieren 42
66 Kopiertricks 43
67 Dekorative Effekte 44
68 Punzen ausfüllen 44
69 Clip-Art 45
70 Farbenfrohe Kopien 45

HINTERGRÜNDE SEITE 46

71 Papier strecken 46
72 Lasieren 47
73 Richtig lasieren 47
74 Fünf Lasurtechniken 48

75 Nachbehandlung 49

76 Lasur mit Textur 49

77 Schaumpapier 50

78 Pustelasur 50

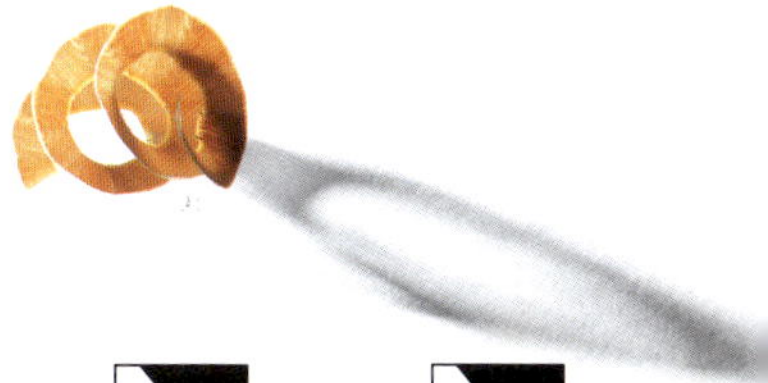

NÜTZLICHES SEITE 51

79 Hilfslinien 51

80 Papierkauf 51

81 Sandarakgummi 52

82 Fehler beheben 52

83 Erfolgreich korrigieren 52

84 Pinseln statt pusten 53

85 Zweigleisig arbeiten 54

86 Verschiedene Elemente 54

87 Arbeitsbuch 55

88 Dokumentation der Arbeit 55

BESONDERES SEITE 56

89 Kalligramme 56

90 Vormarkieren und falten 57

91 Richtig zuschneiden 57

92 Buch ohne Bindung 58

93 Leicht geheftet 58

94 Büttenrand 59

95 Goldkanten 60

96 Umschlagschablone 60

97 Umschläge anfertigen 61

98 Trockengestell 62

99 Wasserdicht 62

100 Kalligraphische Alphabete 63

ZU DIESEM BUCH

Ob Sie sich der Kalligraphie als Hobby oder beruflich widmen, ob Sie in einem luxuriösen Studio oder am Küchentisch arbeiten – dieses Buch wird Ihnen helfen, die Kunst des Schönschreibens mit Begeisterung zu betreiben. 100 Tips und Techniken werden beschrieben, die auf jahrelanger Erfahrung und Erprobung basieren und die mehr als bloße Grundkenntnisse der Schriftgestaltung vermitteln.

Ich bin allen Lehrern und Schülern zu Dank verpflichtet, die andere an ihren Neuentwicklungen und Entdeckungen teilhaben lassen. Dieses geteilte Wissen kommt dem Kalligraphen und letztlich auch dem Betrachter schön geschriebener Texte zugute, egal ob es sich um private Korrespondenz oder um kunsthandwerkliche Arbeiten handelt.

Die 100 Tips und Ratschläge dieses Buches sind thematisch geordnet; hier findet alles – vom Schreibwerkzeug über das Material bis zur Umsetzung von Ideen – seinen Platz. Sie werden mit neuen Materialien vertraut gemacht, finden Vorschläge zur gebrauchsgerechten Abänderung bereits vertrauter Werkzeuge und stoßen auf eine Fülle praktischer Techniken. Trotz all dieser Beschreibungen führt jedoch der einzige Weg, Ihre Schreibkunst zu verbessern, über die praktische Übung. Eine solide Beherrschung der Grundformen ist unerläßlich. Ein Aquarellhintergrund oder dekorative Goldtupfer können über eine schlechte kalligraphische Ausführung nicht hinwegtäuschen. Positive Erfahrungen mit Kalligraphien sammelt man mit Karten und Umschlägen an Freunde und Verwandte. Mein eigenes Interesse an der Schriftkunst geht auf Umschläge zurück, die ein Onkel mir als Kind schickte. Meinen Namen in elegant geschwungenen Buchstaben zu sehen, hinterließ einen bleibenden Eindruck. Auch Glück hilft manchmal weiter: Der Tip zu den »Trickstreifen« (Seite 41) entstand, als ich versehentlich mit meinem Faserschreiber die

Spitze eines Farbmarkers berührte, mit dem ich die Schrift besonders hervorheben wollte. Anstatt die Farbe abzuwischen, ließ ich den Zufall entscheiden.

Wertvolle Anregungen liefern Fachbücher und -zeitschriften, die über historische und zeitgenössische Schreibstile informieren, sowie Bildbände mit kalligraphischen Arbeiten. Halten Sie die Augen auf – Sie sind von Schrift umgeben! Legen Sie ein Archiv unterschiedlichster Muster an, und besuchen Sie Kurse. Sie können auch einer Kalligraphen-Vereinigung beitreten – weltweit gibt es über 100 Gruppen, die Ihnen Studienmöglichkeiten, Vorträge, Konferenzen, Ausstellungen und Veröffentlichungen bieten. Sammeln Sie Texte, die eine Bedeutung für Sie haben. Lassen Sie sich von Worten inspirieren, und versuchen Sie, diese so in Schrift umzusetzen, daß sich ihre Bedeutung erhöht.

Arbeiten Sie mit Zurückhaltung, Stilsicherheit und einem kritischen Auge – diese Qualitäten lassen sich durch Üben und Beobachten entwickeln. Sie finden dann ganz von selbst Ihre eigene Ausdrucksform.

Auch einen Computer können Sie gezielt einsetzen, indem sie Schriften verändern oder neu entwickeln, Vorlagen scannen und das Layout bearbeiten. Er ist jedoch nur ein weiteres Werkzeug – die Freude an der Kreativität, die beim Kalligraphieren mit eigener Hand entsteht, wird er Ihnen nicht nehmen.

Erweitern Sie Ihr Repertoire – passen Sie die Ratschläge dieses Buches je nach Bedarf an Ihre Bedürfnisse an. Nutzen Sie die Kalligraphie auch für andere Künste und Fertigkeiten. Ob Sie ein Anfänger oder bereits fortgeschritten sind – dieses Buch bietet Ihnen wertvolle Anregungen und Ideen für Ihre Arbeit. In kompakter, handlicher Form finden Sie Inspiration, Information und Ermutigung!

SCHREIBWERKZEUG

1 KALLIGRAPHIEMARKER Faserschreiber gibt es in einer großen Auswahl von Farben, Spitzengrößen und -formen (sowohl die breiten Plakatmarker als auch die Pinselmarker). Sie eignen sich hervorragend zum Üben und für Entwürfe. Wählen Sie feste Spitzen mit scharf geformten Kanten. Manche Marker haben eine gebogene oder gespaltene Spitze, mit der sich mehrere Linien gleichzeitig ziehen lassen. Sie können solche Marker selbst herstellen, indem Sie mit dem Messer eine V-Kerbe in die Spitze schneiden.

2 MIT FASERSCHREIBERN ARBEITEN Schreiben Sie ohne Kraftaufwand, damit die Spitze nicht bricht oder nachgibt. Fast ausgetrocknete Marker ergeben einen Effekt wie Trockenpinsel. Verwenden Sie breitkantige Marker mit deckender Farbe (Plakatschreiber), um auf Plexiglas, Holz, Papier u. ä. zu schreiben. Nehmen Sie Textilmarker, wenn Sie Gewebe beschriften wollen, und verwenden Sie Marker mit später verblassender Farbe für Hilfslinien.

EINTAUCHFEDERN Für *Qualitätsarbeiten* müssen Sie Eintauchfedern benutzen (Breit- oder Spitzfedern aus Metall, die auf Federhalter gesteckt werden). Mit ihnen lassen sich klare, scharfe Ränder und Haarlinien ziehen; geeignet für verschiedene Farben, Tuschen und alle Arten Papier, unterscheiden sie sich nach Biegsamkeit, Ausführung und erzieltem Effekt. Der Auflagedruck kann verschieden stark sein. Verwenden Sie einen Satz für Schwarz und einen anderen für Farben.

Eine Breitfeder mit einem hölzernen Federhalter. Die blaue Gouache wurde mit einem Pinsel eingefüllt (siehe Tip 6).

FEDERKASTEN Zur Aufbewahrung sollten Sie ein mit Klebeband beschichtetes Magnetband so zuschneiden, daß es in ein kleines Kästchen paßt. Ordnen Sie darauf Ihre Federn der Größe nach an, damit Sie sie immer griffbereit haben. Auf einem dazugelegten Papierstreifen läßt sich jede Feder mit einem Musterstrich »etikettieren«.

RESERVOIR SELBSTGEMACHT Manche Federn haben ein Reservoir für Schreibflüssigkeit. Aus Klebestreifen können Sie es auch selbst herstellen. Schneiden Sie einen Klebestreifen von 3 × 21 mm zu, legen Sie ihn an der breitesten Stelle der Feder über die Unterseite, und kreuzen Sie die Enden auf der Oberseite, so daß ein X entsteht. Entfernen Sie das Band, wenn Sie die Feder reinigen. Versuchen Sie dies auch bei Spitzfedern aus Kupfer.

Legen Sie einen Klebestreifen an der breitesten Stelle der Feder über die Unterseite.

Kreuzen Sie die Enden auf der Oberseite, so daß ein X entsteht.

FÜLLEN MIT DEM PINSEL Eintauchfedern lassen sich auch mit dem Pinsel füllen (besonders bei Reibetusche oder Farbe). Nehmen Sie Tusche oder Farbe mit einem kleinen bis mittleren Rundpinsel auf, und streichen Sie das Tintenreservoir der Feder an den Pinselhaaren entlang (Feder nicht überfüllen!). Die Verwendung einer Tropfpipette ist möglich, aber nicht so sauber.

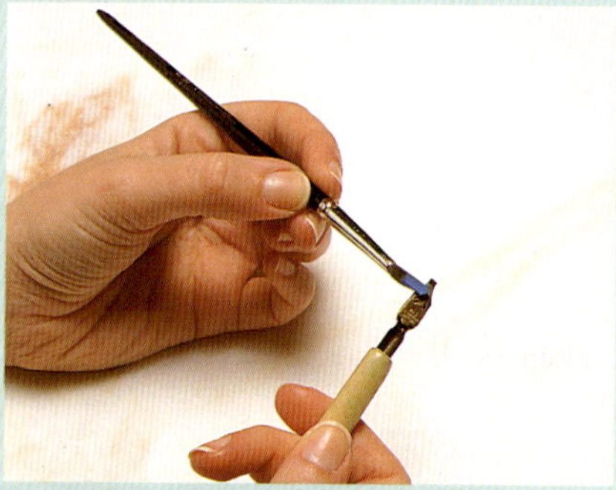

Mit einem Pinsel kann man mehr Tusche oder Farbe in die Feder füllen als durch Eintauchen.

7

NEUFORMEN DES PINSELS Wenn die Haare Ihres Pinsels beschädigt, ausgefranst oder gekrümmt sind, sollten Sie ihn reinigen und dann in Gummiarabicum tauchen. Streichen Sie den Pinsel in der Krümmung zwischen Zeigefinger und Daumen in Form. Beim Trocknen hält er diese bei. Bevor Sie ihn wieder benutzen, waschen Sie ihn vorsichtig aus.

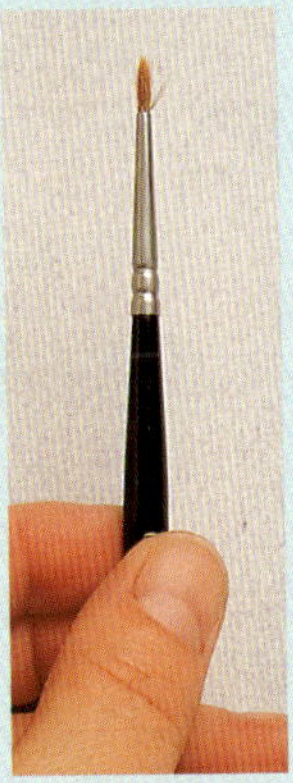

Tauchen Sie einen beschädigten Pinsel in Gummiarabicum.

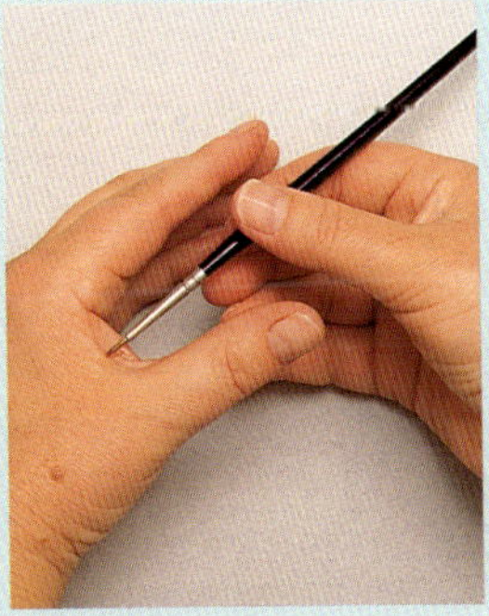

Streichen Sie den Pinsel in der Handkrümmung in Form.

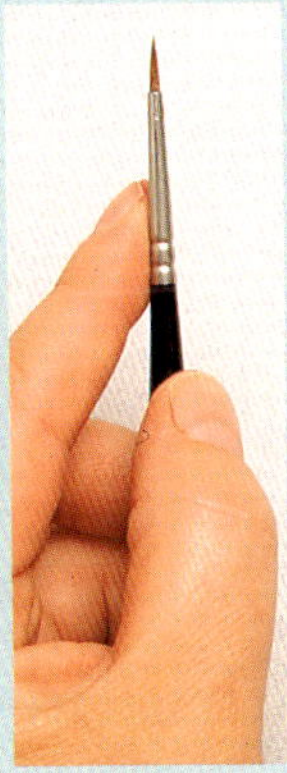

8

BLEISTIFTE Wählen Sie harte Stifte (Stärke 2H bis 7H), um gerade, akkurate Linien zu ziehen, und weiche (2B bis 7B) zum Skizzieren und für Layouts. Nehmen Sie ein Messer, um einen längeren Minenabschnitt freizulegen und um breitere Linien zu ziehen. Mit einem Schmirgelblock oder einer Papiernagelfeile halten Sie die Mine spitz. Eine breitkantige, meißelartige Spitze für Entwürfe erreichen Sie durch beidseitiges Hin- und Herreiben eines weichen Bleistifts. Für leichteres Radieren zeichnen Sie nur mit geringem Druck.

ZIMMERMANNSBLEISTIFTE Mit Zimmermannsbleistiften erhält man eine meißelförmige Schreibspitze. Schälen Sie dazu Bleistifte der Stärken 2B bis 6B zuerst auf den flachen Seiten, danach an den Schmalseiten mit einer Rasierklinge oder einem Universalmesser so ab, daß die Mine um 8 mm vorsteht. Zum Anspitzen reiben Sie die beiden Breitseiten der Spitze im 45-Grad-Winkel auf einem Schmirgelblock. Wenden Sie den Stift beim Schreiben häufig, damit er gleichmäßig abgenutzt wird und die Schreibkante lange erhalten bleibt.

Schaben Sie das Holz von den Breitseiten ab.

SCHAUMSTOFFPINSEL Preiswerte Schaumstoffpinsel sind in verschiedenen Größen erhältlich. Sie haben eine spitz zulaufende Vorderkante, mit der man große Buchstaben malen kann. Verwenden Sie ein weites Gefäß für die Tusche, und probieren Sie »Doppelfarben« (siehe Tip 56) aus. Schaumstoffpinsel eignen sich für Lasuren. Mit Seife und Wasser reinigen.

In ein genügend breites Gefäß läßt sich ein Schaumstoffpinsel leicht eintauchen.

Benutzen Sie Schaumstoffpinsel für übergroße Schriften, wie sie z. B. auf Plakaten üblich sind.

Anschließend auf den Schmalseiten abschaben.

Spitzen Sie die breiten Seiten auf einem Schmirgelblock.

Probieren Sie den breitkantigen Bleistift für Entwürfe aus.

Schneiden Sie ein Stück Filz zurecht, und stecken Sie es in eine Vielzweckklemme.

PLAKATSCHREIBER AUS FILZ

Ziehen Sie die Schichten eines Filzstücks auseinander, und schneiden Sie daraus ein Stück in der gewünschten Breite zu. Stecken Sie es in eine Vielzweckklemme, und tauchen Sie es in die Farbe. Halten Sie dabei die Klemme in dem Winkel, den Sie für die gewählte Schriftart benötigen. Diese Filzfeder eignet sich für große Plakat- und Schilderschriften.

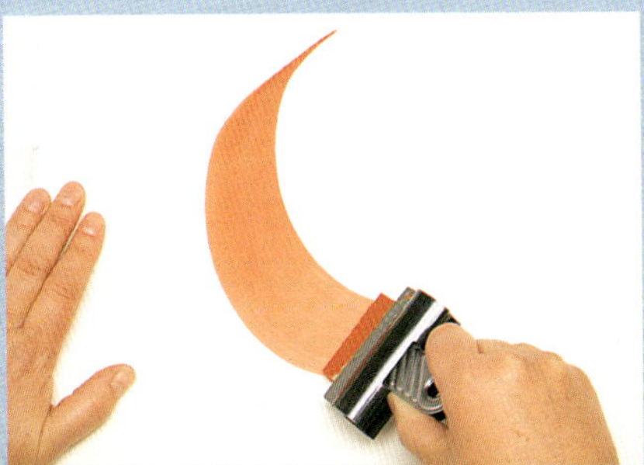

Tauchen Sie das Filzstück in Tusche oder Farbe, und schreiben Sie.

Mit einer Doppel- oder Dreifachfüllung erzielen Sie auch mehrfarbige Effekte (siehe Tip 56).

12

UNGEWÖHNLICHE MITTEL Verwandeln Sie Alltagsgegenstände in Schreibutensilien, und entdecken und nutzen Sie deren einzigartige Schreibqualitäten. Wenn z. B. ein Stückchen Bierdeckel keine Tinte mehr hat, ergibt sich eine Art Trockenbürsteneffekt. Lassen Sie Ihrer Kreativität freien Lauf mit Stöcken, Holzstückchen, Wattestäbchen, einer Zigarre, Selleriestückchen, Rührstäbchen aus Holz (schmal), Eisstielen (mittelbreit), Zungenspateln (breit), Furnierholz, Balsaholz, Zahnstochern (spalten!), mehreren Bambusspänen (spalten!), Aluminium von Getränkebüchsen, Plastikstücken von Verpackungen, Leder- oder Wildlederstückchen, Korbrohr, Rohrblättern von Klarinetten oder Saxophonen, Dichtungsleisten, Messingspänen – oder was Ihnen sonst noch einfällt.

Schneiden Sie einen Streifen Küchenvlies ab.

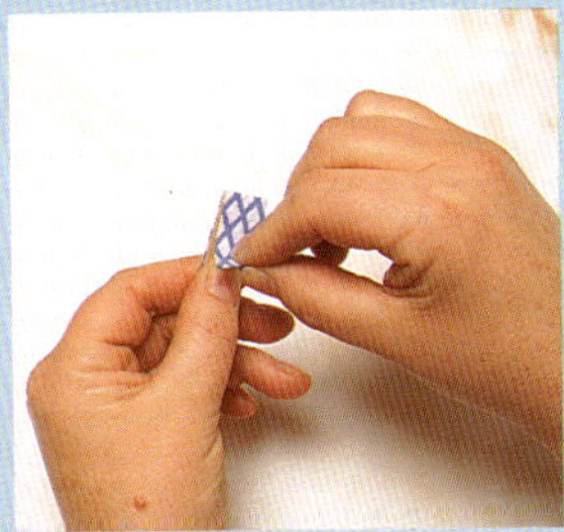

Befestigen Sie ihn mit Klebstreifen an einem Stück Balsaholz.

Kleben Sie ein weiteres Stück Holz darüber.

13

FEDERN SELBSTGEMACHT Manches ungewöhnliche Werkzeug muß erst zur Feder umgearbeitet werden. Schneiden Sie es mit einer Schere oder einem Messer zu. Schmirgeln Sie es glatt, und geben Sie der Spitze z. B. die Form einer breiten Schreibkante. Wenn sich die Schreibfeder nicht bequem halten läßt, kürzen Sie sie auf etwa 2,5 cm Länge, und passen Sie sie in die verstellbare Halterung eines stiftförmigen Schablonenmessers ein. Sie können die Feder auch mit Klebeband oder einer Schraube an einem Bleistift, Eßstäbchen oder einer Wäscheklammer befestigen. Schneiden Sie verschiedene Schreibbreiten zu. Stellen Sie eine »Spaltfeder« her, indem Sie die Schreibkante V-förmig einkerben.

Geschrieben mit einer selbstgemachten Spaltfeder.

14

ROLLSTOP FÜR SCHREIBZEUG Schneiden Sie ein 5 mm dickes Stückchen Schaumstoff zurecht (z. B. aus einem Zehenspreizer zum Nägellackieren oder den Rutschbremsen für Kinderstifte, die es in Schreibwarenläden gibt), und drücken Sie es über Rundgriffwerkzeuge wie Schablonenmesser, Federhalter, Stifte u. ä., damit sie nicht vom Tisch rollen.

Ein Stück Schaumstoff am Ende des Schreibzeugs hält es an seinem Platz.

MATERIAL UND AUSRÜSTUNG

15

ZEICHENBRETT Viele Kalligraphen verwenden einen Zeichentisch oder ein Zeichenbrett, deren Neigungswinkel sich für verschiedene Schreibstile verstellen läßt. Bei schräggestellter Schreibunterlage haben Sie einen unverzerrten Blickwinkel auf Ihre Arbeit, und auch der Tuschefluß wird verbessert. Sie können auch ein Holzbrett von 45 × 60 cm oder größer verwenden, das Sie im Winkel von etwa 45 Grad abstützen. Sichern Sie es an der Tischkante mit einer Meßlatte oder einer schmalen Holzleiste, die Sie mit Klebeband oder Klemmen auf der Tischkante befestigen. Achtung: Zum Zeichnen oder Schreiben mit Wasserfarben oder Gouache Brett *flach legen*, um Pfützen zu vermeiden!

16 **TUSCHE VERDÜNNEN** Ersetzen Sie sehr alte Schreibflüssigkeit, die schimmelig ist oder muffig riecht. Wenn ein Rest in der Flasche nur eingedickt, aber noch brauchbar ist, verdünnen Sie ihn mit destilliertem Wasser. Benutzen Sie die verdünnte Tusche zum Üben.

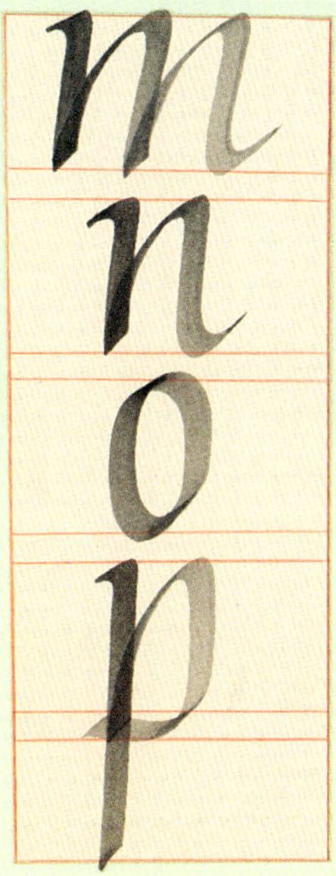

Verdünnte Tusche auf Zeitungspapier zeigt, wo sich Striche verzweigen.

17 **TUSCHEHALTER** Zeichnen Sie die Umrisse einer Tuscheflasche auf einen Küchenschwamm. Schneiden Sie die Innenfläche mit einem Bastelmesser aus: Nun paßt die Flasche genau in die Öffnung, und Kleckse sind kein Problem mehr! Damit sie fest steht, können Sie auch die Mitte eines Plastikdosendeckels X-förmig aufschneiden, über die Flasche streifen und in einen zweiten umgedrehten Deckel einschrauben.

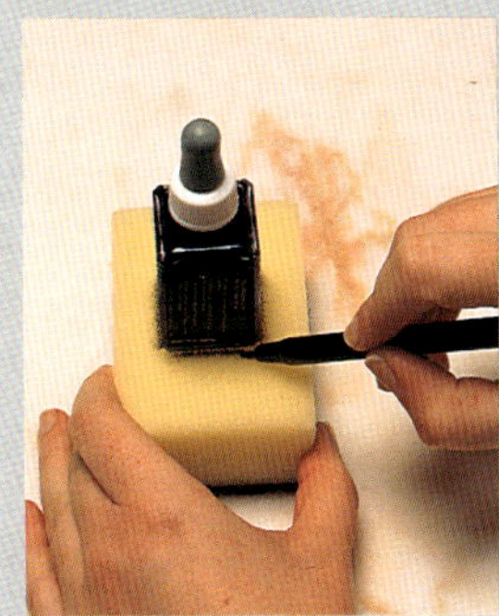

Zeichnen Sie den Umriß der Flasche.

Schneiden Sie die eingezeichnete Fläche aus.

Der entstandene Halter sichert die Flasche gegen Umkippen.

18

REIBETUSCHE Geben Sie 4 bis 5 Tropfen destilliertes Wasser auf den ebenen Teil des Reibesteins. Halten Sie die Reibetusche senkrecht, und rühren Sie damit kreisförmig im Wasser. Zerreiben Sie dabei so viel Tusche, daß sich eine dicke Paste bildet. Wiederholen Sie den Vorgang zwei- bis dreimal. Schieben Sie nun die Tuschpaste in die Vertiefung des Reibesteins. Für die gewünschte Konsistenz geben Sie einige Wassertropfen zu. Füllen Sie Ihre Feder mit einem Pinsel (siehe Tip 6). Reibetusche eignet sich *nicht* zur Wiederverwendung.

19

IDEEN, DIE HAFTEN Ablösbarer Plastikkleber, wie er zum Aufhängen von Postern gebraucht wird, findet in der Kalligraphie vielerlei Anwendung. Sie können ihn benutzen, um Tuscheflaschen Halt zu geben, Ihr Werkzeug vor dem Wegrollen zu sichern oder Ihr Arbeitsblatt zu befestigen. Teilen Sie ein Stück Kleber ab, und kneten Sie es. Kleberreste können Sie mit einem Klümpchen des Klebers wegtupfen. Es sind verschiedene Produkte in verschiedenen Farben erhältlich. Testen Sie zunächst, ob farbige Klebemasse Ihr Papier verfärbt.

Ein geknetetes Stück Plastikkleber sichert Ihr Schreibwerkzeug.

Reste des Klebers können Sie einfach wegtupfen.

20

FARBWAHL Die Farbwahl hängt von der Arbeit ab, die Sie sich vorgenommen haben, und vom Schreibzeug, das verwendet werden soll. Die Ergebnisse, die Sie mit Farbmarkern, Tuschen, Pigmenten, Wasserfarben oder Gouache (das sind Wasserfarben mit weißen Füllstoffen) erzielen, sind jeweils unterschiedlich. Deckende Designer-Gouache (*nicht* Studienfarben), die man auch als Plakat-Tempera bezeichnet, wird im allgemeinen für die endgültige Ausführung einer Arbeit bevorzugt. Die Lichtechtheit und Haltbarkeitsdauer der einzelnen Farben sind unterschiedlich.

Füllen Sie Reibetusche mit einem Pinsel in die Feder.

Mary White, *The Sun*
Unziale und Kursivschriften – in Gouache mit Metallfedern geschrieben und mit Blattgoldauflage illuminiert – setzen ein Gedicht von Virginia Woolf um, das die Sonne über den Wellen beschreibt.

21 **LICHTECHTHEIT** Um zu überprüfen, ob Ihre Tuschen, Farben oder das Papier unter Lichteinwirkung ausbleichen, sollten Sie mit jedem Material eine Probe auf Papier machen. Schreiben Sie einfach den Markennamen, die Farbbezeichnung u. ä. auf. Decken Sie die Hälfte der Probe mit undurchsichtigem, schwarzem Papier ab. Legen Sie sie z. B. an ein sonniges Fenster, und überprüfen Sie regelmäßig Farbveränderungen.

Die untere Hälfte dieses Wortes wurde mit schwarzem Papier abgedeckt. Die ungeschützten Farben der oberen Hälfte sind dagegen ausgeblichen.

22

MIT GOUACHE ARBEITEN Drücken Sie etwa 5 bis 10 mm der Gouachefarbe in ein kleines, tiefes Behältnis. Fügen Sie mit einer Pipette ein wenig destilliertes Wasser zu, und vermischen Sie beides mit einem kleinen Pinsel, bis eine leicht cremige Konsistenz erreicht ist. Benutzen Sie den Pinsel, um die Feder zu füllen. Die Farbe sollte gut fließen, aber immer noch decken. Um den Fluß zu verbessern, können Sie das Reservoir mit einer Pinzette oder einer spitzen Zange lockern und leicht zurückschieben (manche Kalligraphen entfernen es auch ganz). Die Haftung der Gouache am Papier läßt sich durch Zugabe von 1 bis 2 Tropfen Gummiarabicum verbessern. Reinigen Sie die Federn häufig! Ihre Arbeitsunterlage sollte flach oder nur leicht gewinkelt sein. Wenn die Farbe durch Verdunsten eindickt, fügen Sie Wasser hinzu. Den endgültigen Farbton können Sie nur beurteilen, wenn Sie die Farbe auf einem Probestück des Papiers trocknen lassen.

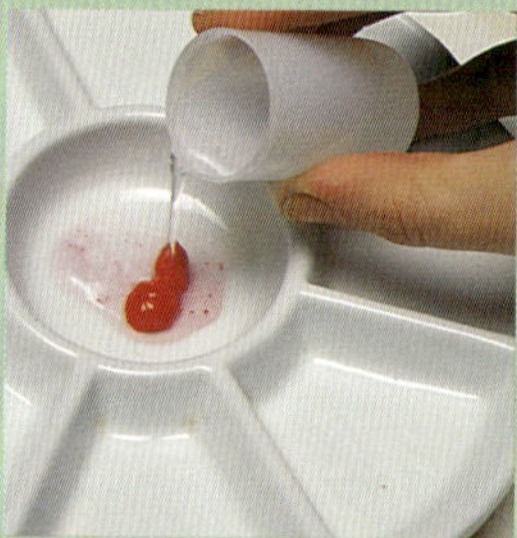

Fügen Sie der Gouache einige Tropfen Wasser hinzu.

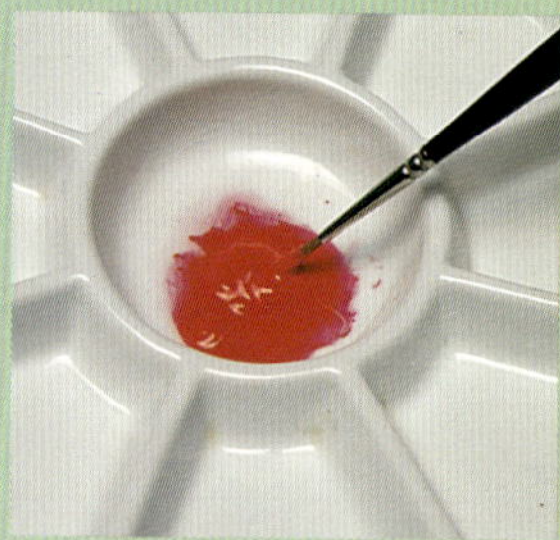

Nehmen Sie einen einfachen Pinsel zum Mischen.

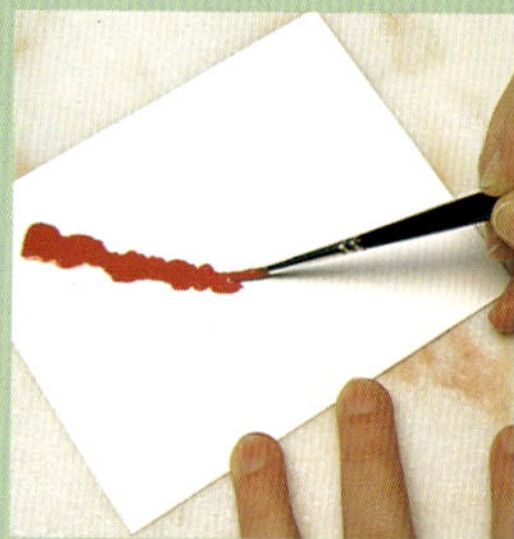

Prüfen Sie die Mischung auf einem Stück Papier.

23

MISCHFOLGE Es ist leichter, eine helle Farbe abzutönen, als eine dunkle Farbe aufzuhellen. Wenn man eine zarte Farbe einer kräftigen beimischt, braucht man viel mehr, um dasselbe Resultat zu erzielen. Für einen Pastellton fangen Sie z. B. mit Weiß an und fügen die Farbe tropfenweise hinzu.

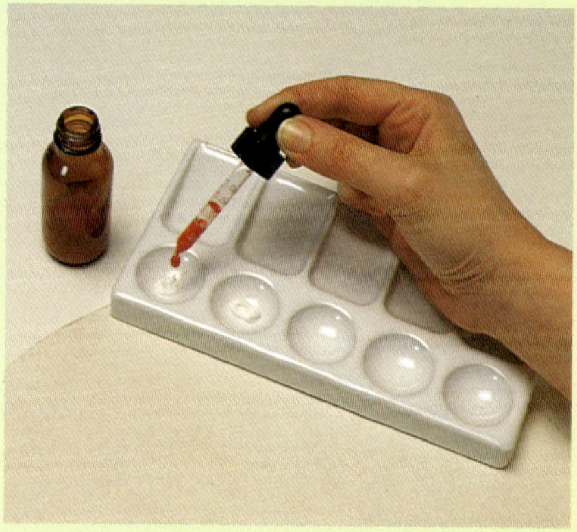

Sie können Farbe sparen, indem Sie hellen Farben dunkle beimischen.

24

MEHR ALS GENUG Sie sollten immer mehr Farbe anmischen als nötig, damit sie Ihnen nicht unerwartet ausgeht; dies gilt vor allem, wenn Sie einen besonderen Ton zubereitet haben. Lassen Sie Farbreste trocknen: Sie können sie bei Bedarf wieder anrühren. Oder heben Sie die Farbe in gut verschließbaren Behältern auf, die Sie mit einer Farbprobe markieren.

25

VERUNREINIGUNGEN VERMEIDEN Leitungswasser kann Verunreinigungen und Keime enthalten, die Farbmischungen verderben. Zum Anrühren von Reibetusche oder Gouache sollten Sie daher destilliertes Wasser verwenden. Stellen Sie beim Schreiben eine Tropfflasche bereit, um die eindikkende Gouache wieder zu verflüssigen. Wenn angemischte Farben verkeimt sind, kann man versuchen, sie mit einem Tropfen denaturiertem Alkohol (methyliertem Spiritus) oder Peroxid zu retten. Geben Sie zusätzlich ein Stückchen feuchten Schwamm in den Deckel, und bewahren Sie die Farben im Kühlschrank auf.

26

SESAM, ÖFFNE DICH! Wenn Flaschen- oder Tubenverschlüsse schwer zu öffnen sind, kann man sie unter fließendes, heißes Wasser halten oder mit einem Gummiring umwickeln und dann drehen. Auch eine vorsichtig angesetzte Zange oder ein Nußknacker können helfen. Vorbeugend sollten Sie die Gewinde in den Verschlüssen nach jedem Gebrauch gründlich reinigen und abtrocknen und dann etwas Vaseline auftragen.

Wickeln Sie einen Gummiring um einen klemmenden Verschluß.

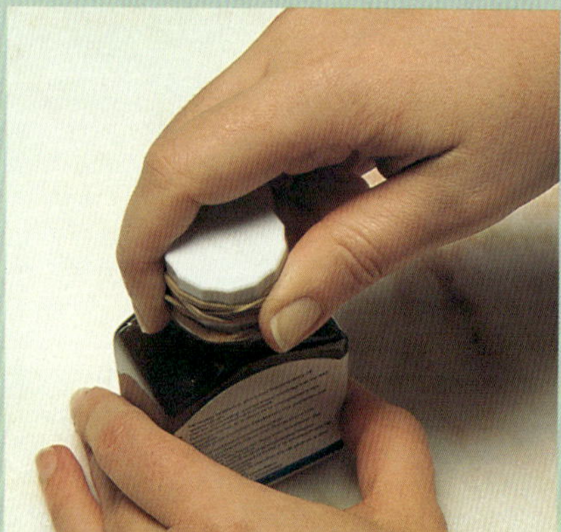

Drehen Sie die Kappe auf.

Reinigen Sie Verschlußkappe und -gewinde, bevor Sie den Behälter wieder verschließen.

27

GEFAHREN Hersteller müssen Gesundheits- und Sicherheitsrisiken auf Artikeln des Künstlerbedarfs angeben. Lesen Sie also die Etiketten, und informieren Sie sich über mögliche Gefahren. *Cadmiumfarben* z. B. sind hochgiftig; daher sollten Sie die Pinsel nie anlecken. Die Bleispäne von Bleistiftspitzen sind giftig; entsorgen Sie sie umsichtig. Vor dem Essen sollten Sie sich die Hände waschen.

28

EIN GUTES LINEAL Gerade Linien lassen sich ideal mit einem Stahllineal mit Korkrükken ziehen. Der Kork hebt das Lineal etwas an; es verrutscht nicht, und Tusche oder Farbe verschmieren nicht mehr. Denselben Effekt erzielen Sie, wenn Sie drei oder mehr kleine Münzen oder auch mehrere Streifen Abdeckband unter das Lineal kleben.

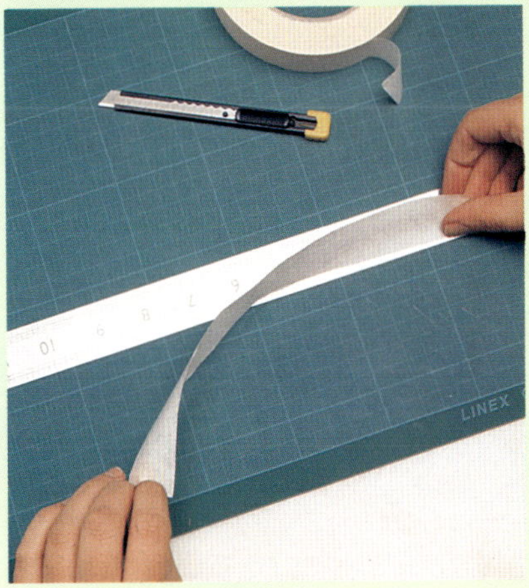

Kleben Sie mehrere Streifen Abdeckband auf die Unterseite des Lineals.

Verrutschen und Verschmieren sind nicht mehr möglich.

29

LEUCHTKÄSTEN Leuchtkästen kann man in Geschäften für Künstler- oder Ingenieurbedarf kaufen. Sie können auch selbst einen bauen:

- Bringen Sie unter einem Stück Plexiglas (siehe Tip 15) eine Neonleuchte (mit Batterien oder mit Stromanschluß) an.
- Drehen Sie für kleine Arbeiten einen schrägstehenden Buchständer aus Plexiglas oder einen Bildträger um, und verfahren Sie dabei, wie oben beschrieben.
- Für Arbeiten auf flacher Unterlage installieren Sie eine Lichtquelle unter einem Glastisch.
- Wenn Sie einen Entwurf zeichnen oder überprüfen wollen, bringen Sie Ihre Arbeit mit Klebestreifen an einem sonnigen Fenster an!

Achtung: Wenn die Oberfläche nicht gefrostet ist, decken Sie sie zur Schonung der Augen mit Zeichenpapier ab, oder streichen Sie sie dünn mit weißer Farbe. Denken Sie auch daran, daß Licht Hitze erzeugt.

Gekaufter Leuchtkasten.

Selbstgemachter Leuchtkasten.

30

FOTOKOPIERER Einen Fotokopierer zu besitzen, erleichtert eindeutig das Leben eines Kalligraphen! Besonders nützlich sind Geräte, mit denen man in Prozentschritten verkleinern und vergrößern kann. In der Entwurfphase spart das Zeit. Außerdem lassen sich attraktive Effekte erzeugen, und Sie können preiswert Abzüge Ihrer Arbeiten anfertigen. Farbkopierer bieten mehr Möglichkeiten als Schwarzweißgeräte.

VORÜBUNGEN

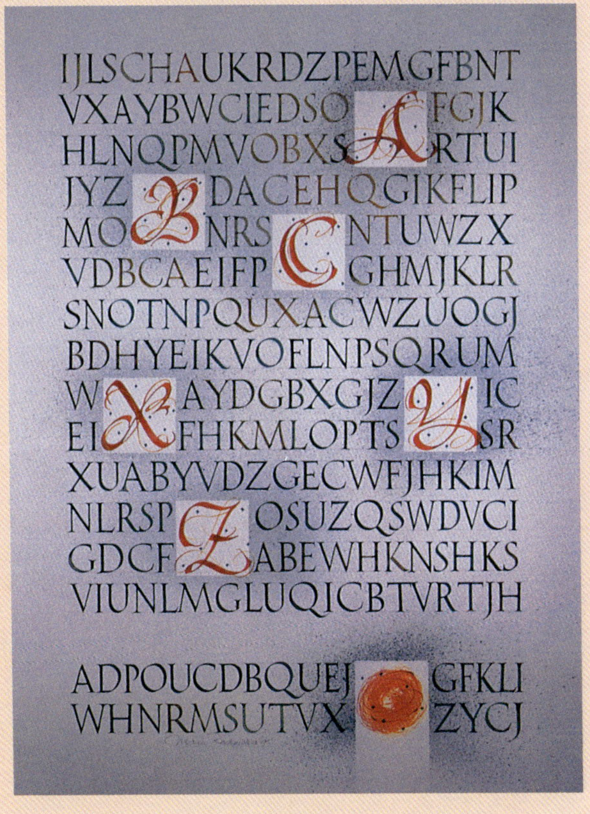

31 GROSS ANFANGEN

Wenn Sie eine neue Schrift üben, sollten Sie eine breite Feder von 3 oder mehr Millimetern benutzen und schwarze oder verdünnte Tusche (siehe Tip 16) einsetzen. Dadurch können Sie Fehler leichter erkennen. Widerstehen Sie der Versuchung, kleiner zu schreiben, bis Sie die nötige Vertrautheit mit der Materie erworben haben.

Maria Vadenaker, *Oorstorong and Contrast.* Arbeiten von hoher Qualität erfordern solide handwerkliche Fertigkeiten.

32 DURCHPAUSEN

Durchpausen kann eine erste Übungstechnik sein. Nehmen Sie dieselbe Federbreite, die für Ihr Modellalphabet gewählt wurde. Fahren Sie die Buchstaben in der richtigen Schriftzugfolge nach. Sie können entweder mit einer *trockenen* Feder direkt auf der Vorlage (eine Fotokopie ist auch möglich) oder mit Tusche bzw. einem Faserschreiber auf dünnem Papier üben, mit dem Sie die Vorlage überdecken.

Mit Feder und Tusche auf Pauspapier ein Modellalphabet nachziehen.

33 KETTENALPHABET

KETTENALPHABET Üben Sie nicht jeden Buchstaben einzeln, wenn Sie eine neue Schrift lernen, sondern verbinden Sie die Buchstaben, indem Sie zwischen jeden ein »n« einfügen. Das hilft Ihnen, einen Sinn für Rhythmus und Harmonie der Buchstabenverteilung zu entwickeln. Beides ist entscheidend für eine schöne Schrift.

34

ABC-MERKSPRÜCHE Schreiben Sie *Abecedarien* (Sätze, die alle Buchstaben des Alphabets enthalten), um Buchstabenkombinationen einzuüben, so z. B. »Ein verfrorenes Pony vom Himalaya verschwindet flux gen Afrika und quält sich jetzt als Zebra da«. Überprüfen Sie die Form der Buchstaben und die Abstande zwischen ihnen und den Wörtern. Überprüfen Sie auch eine verbesserte Version.

Mit Abecedarien üben Sie Buchstaben und eine harmonische Verteilung.

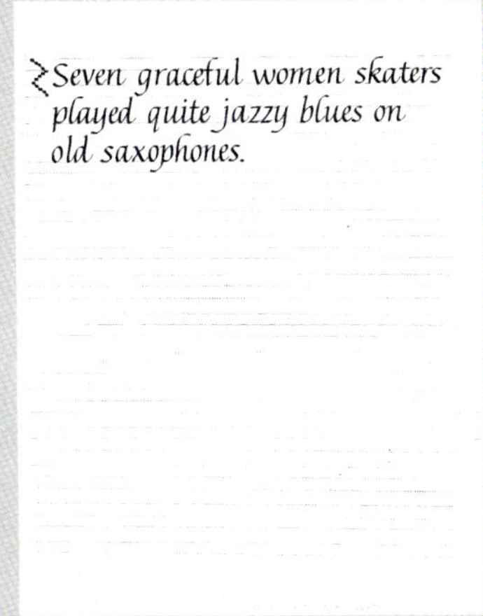

35

LOCKER UND LEICHT Ein Trick hilft, wenn Sie den Stift zu verkrampft halten: Nehmen Sie einen Bleistift in die andere Hand, so daß das Radiergummiende auf dem Papier aufliegt, und halten Sie ihn fest auf das Papier gedrückt. Durch die Verlagerung des Drucks von der Schreibhand weg lockern Sie die Anspannung beim Führen der Feder; so entkrampfen Ihre Finger. Schütteln Sie Ihre Hände öfters aus, und legen Sie häufig eine Pause ein, um Folgen wie Sehnenentzündungen oder Tennisellenbogen zu vermeiden.

36

DAS KLEINSCHREIBEN Der Umgang mit dünnen Federn erfordert große Geschicklichkeit sowie Präzision und Beherrschung der Schrift. Wenn Sie beim Üben direkt von einer breiten zu einer schmalen Feder springen, riskieren Sie, das Schriftbild zu verderben. Arbeiten Sie sich in der Skala der Federgrößen lieber stufenweise hinunter. Bleiben Sie bei einer Federgröße, bis die Strichführung gestochen scharf, die Buchstabenformen korrekt und die Raumverteilung ausgewogen sind; gehen Sie erst dann zu der nächstkleineren Feder über.

37

ÜBERGROSSE SCHRIFTEN Wenn Sie übergroße Buchstaben schreiben wollen, muß Ihr Schreibarm sich frei bewegen können. Schreiben Sie mit dem *ganzen* Arm aus dem Schultergelenk und nicht nur aus dem Handgelenk heraus. Verwenden Sie zum Üben verdünnte Plakafarbe oder verdünnte Tusche. Der Kleinanzeigenteil Ihrer Zeitung liefert Ihnen Hilfslinien frei Haus, wenn Sie das Zeitungsblatt quer legen!

Der Kleinanzeigenteil in Zeitungen liefert Hilfslinien für große Schriften. Wählen Sie eine Federgröße, die der Schrift entspricht, die Sie üben möchten.

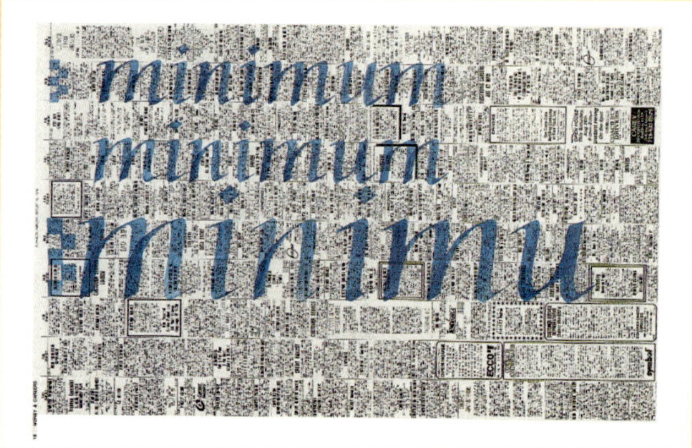

38

GEGEN DAS VERWACKELN Um das Zittern bei langen Auf- und Abstrichen oder bei großer Schrift zu vermeiden, sollten Sie tief einatmen, bevor Sie die Feder aufsetzen. Dann atmen Sie aus und entspannen sich bei den Abstrichen – und Ihre Wackler sind verschwunden! Üben Sie diese Technik so lange, bis sie Ihnen in Fleisch und Blut übergegangen ist.

39

DIE SCHREIBTECHNIK WECHSELN Um ein Gespür für die jeweilige Schrift zu bekommen, sollten Sie folgende Methoden anwenden: Schreiben Sie mit geschlossenen Augen oder mit Ihrer anderen Hand. Heben Sie die Hand hoch, und schreiben Sie in der Luft. Lassen Sie die Hilfslinien weg. Benutzen Sie ein anderes Schreibwerkzeug (z. B. einen Faserschreiber mit normaler Spitze oder einen Kugelschreiber) oder ein extrem großes Schreibgerät. Wechseln Sie zu einem glatteren oder rauheren Papier. Hören Sie beim Schreiben Musik, und folgen Sie ihrem Rhythmus.

40

AUF DIE OBERSEITEN ACHTEN Haben Sie gewußt, daß wir beim Lesen die *Oberseiten* der Buchstaben betrachten? Die Unterscheidungsmerkmale, die wir wahrnehmen, befinden sich in der oberen Buchstabenhälfte. Denken Sie daran bei der Beurteilung Ihrer kalligraphischen Arbeiten! Achten Sie auf Probleme mit Ausschwüngen, Schnörkeln, Verbindungslinien und Zwischenräumen und auf die einzigartigen Merkmale jeder Schrift.

Nancy Leavitt, *The Seafarer*.
Decken Sie die Oberhälfte des Titels ab. Können Sie ihn lesen? Probieren Sie dasselbe mit der Unterhälfte.

ENTWURF UND GESTALTUNG

41 **ÜBER DEN DAUMEN GEPEILT** Beginnen Sie mit schnellen Entwürfen mit Bleistift oder spitzem Marker. Durch Veränderung der einzelnen Elemente lösen Sie mit diesen Proportionsstudien Layoutprobleme. Den Text in Tusche zu schreiben wäre nur Zeit- und Energieverschwendung. Schöpfen Sie alle Möglichkeiten anhand verschiedener Versionen aus; eine Idee führt zur nächsten.

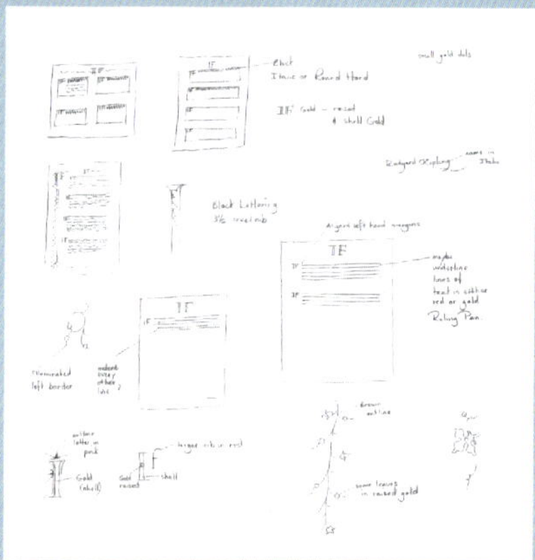

42 **GROBSKIZZE** Wenn Sie den besten Entwurf gefunden haben, fertigen Sie eine Grobskizze an (Arbeitsplan in voller Größe). Benutzen Sie zunächst Bleistifte und später Marker oder Federn. Erarbeiten Sie Schriftstile, Federgrößen, Schriftzwischenräume und Schriftverteilung, Ränder, Farben u. ä. Arbeiten Sie auf Pauspapier oder dünnem Entwurfpapier, um dauernd anpassen zu können.

43

VERGRÖSSERN UND VERKLEINERN Um einen Entwurf zu verkleinern oder zu vergrößern und dabei die Proportionen zu wahren, verlängern Sie die senkrechten und waagerechten Randlinien. Ziehen Sie von einer unteren Ecke eine Diagonale zur entgegengesetzten Ecke. Legen Sie die Höhe oder Breite für Ihr neues Format fest. Ziehen Sie eine Linie von diesem Punkt zur Diagonalen, und verbinden Sie den Schnittpunkt auf der Diagonalen mit der entsprechenden anderen Seite.

Mit dieser simplen Methode können Sie die Größe Ihrer Arbeit neu festlegen.

44

RECHENSCHEIBE Diese handliche Drehskala ist besonders hilfreich, wenn Sie eine Arbeit anfertigen, die reproduziert werden soll und bei der Sie den genauen Prozentsatz für eine Vergrößerung oder Verkleinerung wissen müssen. Bringen Sie die Originalgröße und die gewünschte Größe auf dem inneren und äußeren Rad zusammen. Der Prozentsatz der Verkleinerung oder Vergrößerung erscheint im Fenster des Innenrades.

45

FESTLEGEN DER RÄNDER Achten Sie auf das Verhältnis zwischen Text und weißer Fläche. Machen Sie sich bewußt, daß Sie beim Schreiben positive und negative Formen schaffen. Die weißen Flächen sollten ein Teil der Gestaltung sein, denn sie tragen zur Grundstimmung eines Schriftstücks bei. Es ist sicherer, vor dem abschließenden Beschneiden und eventuellen Verzieren des Randes zu viel Weiß als zu wenig um Ihre Arbeit stehenzulassen.

Henny van Renselaar, *Phantasietext in Tusche*
Besonders weite Ränder betonen die Länge der Textsäule. Mit weißer Gouache wurden interessante Formen in den Buchstaben und um sie herum geschaffen (siehe Tip 68).

46

RECHTE WINKEL Um die ideale Größe und Plazierung festzulegen, sollten Sie mit zwei rechten Winkeln aus schwarzem (bzw. andersfarbigem) Papier experimentieren. Verschieben Sie diese Winkel, bis Sie ein ausgewogenes Verhältnis oder auch eine unkonventionelle Gewichtung gefunden haben. Diese Technik läßt sich auch in der Layoutphase anwenden oder um den besten Ausschnitt eines Hintergrundpapiers zu finden.

Den ersten und letzten Buchstaben einer Zeile übereinanderlegen und in der Mitte falten.

Markieren Sie Anfang, Mitte und Ende.

Verschieben Sie die Winkel, um das Format zu finden.

47 ZENTRIEREN

1. Benutzen Sie ein Zentrierlineal.
2. Legen Sie einen Papierstreifen am rechten Zeilenende an. Markieren Sie den Zeilenanfang auf dem Streifen. Falten Sie bis zur Markierung, knicken und markieren Sie die Mitte.
3. Schreiben Sie auf Entwurfpapier. Falten Sie das Papier so, daß Anfang und Ende einer Zeile miteinander abschließen. Knicken und Mitte markieren.
4. Schneiden Sie eine Zeile aus. Falten und markieren Sie, wie dargestellt.

48 GLEICHMÄSSIGE UNTERTEILUNG

Mit dieser Technik unterteilen Sie eine Fläche ganz schnell in gleiche Abschnitte: Um z. B. ein Rechteck waagerecht in fünf gleiche Teile zu unterteilen, halten Sie ein Lineal mit der »0« in der unteren linken Ecke fest. Drehen Sie das freie Ende über die Oberkante des Blattes, bis eine durch 5 teilbare Zahl sich mit dieser Kante schneidet. Markieren Sie diese Schnittpunkte. Ziehen Sie dann die Teilungslinien mit dem Parallellineal Ihrer Zeichenplatte oder einem Zeichendreieck.

Markieren Sie Abstände, die durch 5 teilbar sind.

Ziehen Sie nun Linien mit einem Zeichendreieck.

Jetzt haben Sie fünf gleiche Abschnitte.

49 IM KREIS SCHREIBEN Bevor Sie einen Text kreisförmig anordnen, schreiben Sie ihn zunächst als gerade Zeile. Teilen Sie diese Zeile in vier oder acht gleiche Teile. Teilen Sie auch den Kreis in Viertel bzw. Achtel. Nun können Sie die Zeilenabschnitte den Kreisabschnitten zuordnen. Wenden Sie dieselbe Methode an, wenn Sie in Bogenform oder um eine Ecke schreiben.

51 SCHNÖRKEL Schnörkel sind wie der Zuckerguß auf einem Kuchen: Wenn sie gut gelingen, erhöhen sie Schönheit, Anmut und Spannung Ihrer Kalligraphie. Vermeiden Sie jedoch Übertreibungen, sowohl was die Verzierungen selbst als auch was ihre Häufigkeit angeht. Sie verbessern dadurch die Lesbarkeit. Vielleicht reicht ja schon ein eleganter oder fröhlicher Schnörkel als Anfang und Abschluß einer Seite. Lassen Sie für solche wirkungsvollen Schnörkel dann ausreichend Platz.

50 VERZIERTE GROSSBUCHSTABEN Die beste Wirkung erzielen schön verzierte Großbuchstaben, wenn sie sparsam angewendet werden – z. B. nur am Anfang eines Wortes oder Absatzes. Widerstehen Sie der Versuchung, ganze Wörter oder Zeilen mit Schnörkeln zu verzieren.

Jeanyee Wong, *Gloria in Excelsis Deo*
Schlichte Majuskeln und Schnörkel verleihen dem Text Ausdruckskraft und Anmut.

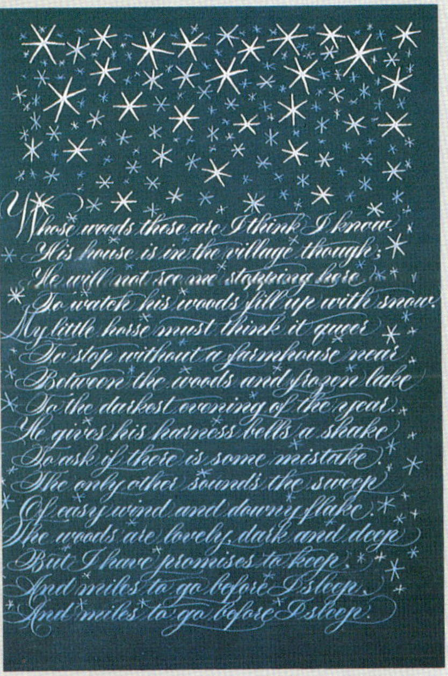

Mike Kecseg, *Stopping by Woods on a Snowy Evening.*
Mit leichter Hand ausgeführte Schnörkel.

52

MIT OFFENEN AUGEN BETRACHTET »Die Frage ist nicht, was man betrachtet, sondern was man sieht« (Thoreau). Nehmen Sie sich Zeit, Ihr Werk anzusehen. Sie haben einen besseren Blickwinkel, wenn Sie die Arbeit an die Wand hängen und etwas zurücktreten. Schauen Sie sich das Blatt auch auf dem Kopf oder in einem Spiegel an. Konzentrieren Sie sich auf den Gesamteindruck und nicht auf einzelne Buchstaben.

53

GIESSBÄCHE VERMEIDEN
Während Sie das endgültige Layout festlegen, sollten Sie immer wieder das gesamte Schriftstück auf Löcher im Text überprüfen und darauf achten, ob der Text von *Gießbächen* (Gassen, die durch die weißen Leerräume entstehen können) durchzogen ist. Wenn das so ist, wird das Auge davon automatisch angezogen (siehe Tip 52). Kleine Korrekturen in der Verteilung der Buchstaben und Wörter oder der An- und Abstriche können dieses Problem beheben.

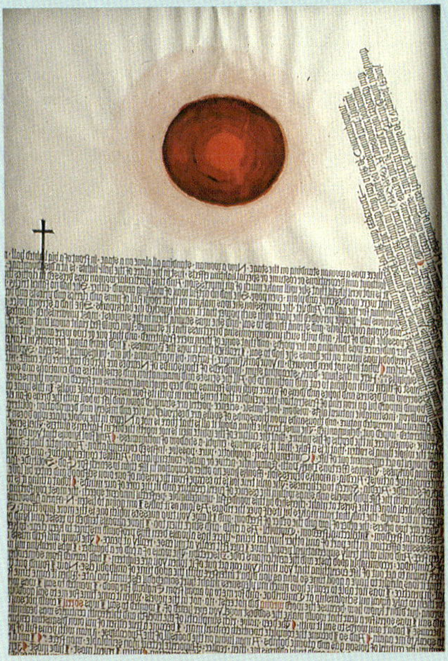

Ward Dunham, *Merton/Borelli.*
Hier sind Wörter so arrangiert, daß Gießbäche und Löcher vermieden werden.

54

WELCHE UMSCHLÄGE? Wenn Sie etwas schreiben oder drucken wollen, wofür Sie Umschläge brauchen, müssen Sie weit im voraus planen. Bemessen Sie die fertige Arbeit so, daß sie in *erhältliche* Umschläge paßt. Denken Sie auch an die Farbe, und erkundigen Sie sich nach den Portokosten für Größe und Gewicht der gefüllten Umschläge. Nehmen Sie Umschläge, auf denen sich *gut* schreiben läßt.

55

SAMMELAUFTRÄGE Bevor Sie etwas in Druck (oder zum Fotokopieren) geben, sollten Sie mit der Druckerei abklären, welche Papiergröße dafür benutzt wird. Wenn für Ihren Auftrag ein größerer Bogen zerschnitten wird, können Sie vielleicht den Verschnitt für einen zusätzlichen Druckauftrag nutzen. Sie sparen Geld, wenn Sie auf einen Bogen zwei oder mehrere Projekte aufkleben, für die dieselbe Druckfarbe benutzt werden kann.

SPEZIALEFFEKTE

Mit einem Pinsel werden hier drei Farben auf eine Filzfeder aufgetragen (siehe Tip 11).

56

DOPPELFARBEN Füllen Sie die rechte Seite einer breiten Feder (oder eines Filzstücks von 5 mm Länge) mit einem Pinsel, den Sie in Farbe getaucht haben. Nehmen Sie eine zweite Farbe mit einem anderen Pinsel auf, und füllen Sie die linke Seite. Beim Schreiben ergibt sich ein streifiges Bild, und die Farben vermischen sich. Eventuell die Mitte mit einer *dritten* Farbe füllen.

Schauen Sie, wie sich die Farben mischen, während der Buchstabe Gestalt annimmt.

Das Ergebnis erinnert an ein gestreiftes Zierband.

57

FARBWECHSEL Um mit transparenten Farben oder Deckfarben abgestufte Töne (d. h. von dunkel zu hell) oder Kombinationen aus Regenbogenfarben zu erzielen, füllen Sie mit einem Pinsel ein wenig Farbe in eine Feder und schreiben damit. Dann säubern Sie den Pinsel und füllen mit ihm eine zweite Farbe in die Feder. Die Farben vermischen sich, und die Farbe der Schrift wechselt beim Schreiben. Wiederholen Sie den Vorgang mit weiteren Farben. Um den Schriftzusammenhang zu wahren, sollten Sie die Farbe nach der Hälfte eines gezeichneten Buchstabens wechseln.

Julia Vance, Buchhülle.
Farbmischung mit einer Automatikfeder.

58

VERLAUFENDE FARBEN Tauchen Sie eine breite Feder in Wasser, dem Sie ein wenig Tusche oder Farbe beigefügt haben, und schreiben Sie. Arbeiten Sie auf einer ebenen Fläche. Tauchen Sie dann einen kleinen Pinsel, eine Feder oder Pipette in Tusche, Wasserfarbe oder Gouache, und tupfen Sie damit vorsichtig auf mehrere Stellen des nassen Buchstabens. Wiederholen Sie dies mit weiteren Farben. Biegen Sie nun das Papier so, daß sich die Farben vermischen, während sie zu den Rändern (aber nicht über sie hinaus) der nassen Schriftzüge laufen.

Durch Biegen des Papiers verlaufen die Farben ineinander.

59

NEGATIVEFFEKT Um Farbe bei bestimmten Flächen auszusparen, sollten Sie Rubbelkrepp (Abdeckflüssigkeit) ausprobieren. Tauchen Sie eine Feder (ohne Reservoir) oder einen Pinsel in Seifenwasser und dann in die Abdeckflüssigkeit. Bringen Sie sie auf das Papier auf (Aquarellpapier ist gut geeignet). Wenn sie trocken und gummiartig ist, können Sie die abgedeckte Stelle mit jeder beliebigen Farbe und Technik bearbeiten. Wenn die Stelle *durchgetrocknet* ist, rubbeln Sie sie mit einem Reinigungsgummi, Plastikradierer oder mit Ihren Fingern ab, so daß das Originalpapier wieder zum Vorschein kommt. Als ein Abdeckmittel, das scharfe Kanten ergibt, können Sie Abdeckband benutzen.

Schreiben Sie mit Rubbelkrepp, und lassen Sie die Schrift trocknen.

Sprenkeln Sie Farbe direkt auf die beschriebene Fläche.

Rubbeln Sie den Krepp ab, wenn die Farbe trocken ist.

Nun ist das Originalpapier wieder freigelegt.

60

SPASS MIT MARKERN Experimentieren Sie mit Kombinationen nicht wasserfester und wasserfester Faserschreiber, mit Farb- und Metallicmarkern unterschiedlicher Größe und Schreibspitzen.

- Benutzen Sie einen zweiten Farbmarker, um bereits geschriebene Buchstaben auszuarbeiten, z. B. um die Mitte oder eine bzw. beide Seiten hervorzuheben.
- Überschreiben Sie nur die obere oder untere Hälfte jedes Buchstabens mit einem Farbmarker derselben Größe.
- Wechseln Sie die Farbe nach einzelnen Strichen, nach jeder Linie u. ä.
- Fügen Sie noch dekorative Extras hinzu (siehe Tip 67).

61

MIT MARKERN MALEN Nehmen Sie einen *nassen* Pinsel, um Farbstriche von *nicht* wasserfesten Markern (wasserlöslich, *nicht* farbecht) zu vermischen.

- Schreiben Sie mit einem Marker mit gespaltener Spitze. Verteilen Sie die Farbe mit einem Pinsel zwischen den Linien.
- Nehmen Sie zwei Farben für die Buchstabenränder. Vermischen Sie sie.
- Zeichnen Sie die Umrisse eines Buchstabens mit einem *wasserfesten* Faserschreiber, und malen Sie einen Teil seines Inneren aus. Verteilen Sie die Farbe mit einem Pinsel.
- Geben Sie ein paar Farbstriche auf eine Palette, ein Tellerchen o. ä. Tauchen Sie einen Pinsel ein, und schreiben Sie mit dieser Farbe.
- Kombinieren Sie die Techniken, und erzielen Sie dadurch Aquarelleffekte.

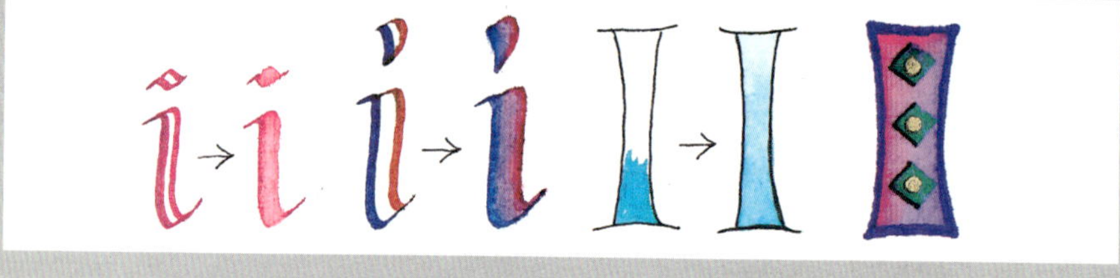

62

TRICKSTREIFEN Berühren Sie mit einem *beliebigen* Plakatmarker (breite Spitze) einen *beliebigen* Farbmarker, so daß etwas Farbe übertragen wird. Wählen Sie Farben, die sich gut mischen. Beim Schreiben entsteht ein Streifeneffekt.

Hier wird ein Kalligraphiemarker mit einem Farbmarker in Kontakt gebracht. So entstehen gestreifte Linien.

Häufiges Nachfüllen bewirkt eine gleichmäßige Farbgebung. Bei nur einer Füllung stellt sich allmählich die Originalfarbe wieder ein.

63

BUNTSTIFTE Buntstifte ergeben spannende Effekte.

- Spitzen Sie Buntstifte zum Schreiben meißelförmig zu (siehe Tip 8).
- Kolorieren Sie die Innenräume und Zwischenräume der Buchstaben.
- Füllen Sie die Umrisse der Buchstaben einfarbig oder mit einem Muster.
- Kolorieren Sie einen Teil oder die gesamten Zwischenräume, die beim Arbeiten mit einem Trockenpinsel oder mit Spaltfedern entstanden sind.

Will Farrington färbte diesen in Tusche geschriebenen Buchstaben mit Buntstiften.

64

GLITZERSCHRIFT Schreiben Sie mit einem Transparentklebestift mit breiter Auftragkante. Bestreuen Sie die Schrift mit farbigem oder leuchtendem, feinem Glitzerpulver. Je nachdem, wie feucht der Kleber ist, können Sie nur kleine Abschnitte nacheinander bearbeiten. Verschieben Sie mit Ihren Fingernägeln das Glitzermaterial, um die Form der Buchstaben herauszuarbeiten.

Schreiben Sie mit einem breitkantigen Transparentklebestift.

65

THERMOGRAPHIEREN Wenn Ihre Buchstaben erhaben sein sollen, müssen Sie mit einem speziellen breiten *Thermographiemarker*, Embossing oder mit einem breitkantigen Transparentklebestift schreiben. Für Feinstrichbuchstaben oder Konturen eignet sich ein Kugelschreiber. Streuen Sie auf die Buchstaben klares oder farbiges Thermographiepulver (vom Stempelmacher). Vermeiden Sie, den feinen Staub einzuatmen. Erhitzen Sie die Schrift mit einer Heißluftpistole, einem Haartrockner oder mit dem Toaster, bis das Pulver Bläschen wirft und schmilzt. Der Effekt macht sich besonders gut auf dunklem Papier.

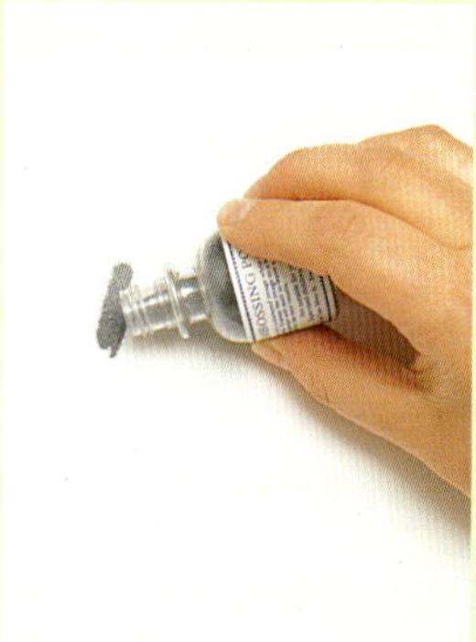
Ein mit Klebestift geschriebener Buchstabe wird mit Embossing-Pulver besprenkelt.

Überschüssiges Pulver wird eingesammelt.

Durch Schmelzen des Pulvers wird der Effekt zeitbeständig gemacht.

Stäuben Sie das Glitzerpulver auf die noch feuchte Schrift.

Das überschüssige Glitzerpulver abschütteln. Funkelnde Buchstaben bleiben übrig!

66

KOPIERTRICKS Benutzen Sie schwarze Tinte (oder Marker) und verleihen Sie Ihren Schriften mehr Textur. Dann fotokopieren Sie die Arbeit.

- Schreiben Sie auf rauhem Aquarellpapier (kaltgepreßt).
- Fügen Sie weiße Punkte und/oder Linien ein, oder sprenkeln Sie das Papier mit weißer Farbe.
- Schraffieren Sie weißes Papier mit weißem Wachsmalstift, und schreiben Sie darauf.
- Knüllen Sie Wachspapier, und streichen Sie es auf dem Geschriebenen wieder glatt.
- Legen Sie weiße Gaze, Spitze oder Netzstoff u. ä. über die Kalligraphie.

Mit der Feder gezeichnete Blumen, die ihre Textur durch weiße Wachsmalfarbe, weiße Farbsprenkel, Netzgewebe und geknülltes Wachspapier erhalten haben.

67 DEKORATIVE EFFEKTE

Von der zurückhaltenden Betonung bis zur extravaganten Ausschmückung gibt es diverse Möglichkeiten, die Schrift mit Werkzeugen und Materialien zu verzieren.

- Konturieren Sie mit einer dünnen schwarzen, farbigen oder goldenen Linie.
- Fügen Sie Formen wie z. B. Punkte in Gold oder Kontrastfarbe(n) hinzu.
- Geben Sie jedem Strich nach links und unten eine Schattierung.

Diane von Arx Anderson, *A Person's Mind.* Ein Beispiel für die künstlerische Gestaltung dekorativer Elemente.

68 PUNZEN AUSFÜLLEN

PUNZEN AUSFÜLLEN Für die Verzierung von Buchstaben bietet sich das Ausfüllen ihrer Innenräume, der Punzen, an. Lassen Sie einen winzigen Rand frei, so daß das Papier durchschimmert, oder füllen Sie die ganze Punze aus. Dazu eignen sich die verschiedensten Materialien und Techniken. Gestalten Sie auch die Zwischenräume mit Farben, schraffieren, tüpfeln oder zeichnen Sie Muster (z. B. ein Schachbrettmuster).

Sherrie Lovler, *Alphabet.* Geschrieben mit einem Eisstiel. Die Farbe wurde mit Gouache ins Bild gebracht.

69

CLIP-ART Wenn Ihnen das Zeichnen nicht liegen sollte, können Sie Ihre Kalligraphie mit vorgegebenen Illustrationen, Randverzierungen und Ornamenten schmücken, die ohne Musterschutz frei verfügbar sind. Thematisch sortierte Vorlagenbücher sind überall erhältlich. Fotokopieren Sie das Motiv in der gewünschten Größe. Wenn Sie Ihre Arbeit vervielfältigen wollen, müssen Sie es ausschneiden und direkt auf Ihr Blatt kleben. Wenn Ihre Arbeit als Einzelstück gedacht ist, sollten Sie das Motiv durchpausen oder übertragen.

70

FARBENFROHE KOPIEN

Erweitern Sie Ihre fotokopierte oder gedruckte Arbeit:

- Fügen Sie Schattierungen, Glanzpunkte oder dekorative Punkte hinzu.
- Lassen Sie ein paar Majuskeln oder wichtige Worte Ihrer Vorlage aus, und kalligraphieren Sie sie in Farbe auf jede Kopie.
- Verwenden Sie Papier mit farbig vorgedruckten Motiven, Randverzierungen u. ä.
- Fügen Sie Stempelabdrücke, Aufkleber, Fotos u. ä. hinzu, oder fertigen Sie ein farbiges Original an. Vervielfältigen Sie es auf einem Farbkopierer.

Carol Erickson, *House Rules*. Gummistempel für das Haus und die Ziffern bringen Farbe und Verspieltheit in das fotokopierte Blatt.

HINTERGRÜNDE

71

PAPIER STRECKEN Um ein Aufwellen des Papiers bei Naßarbeiten zu vermeiden, tauchen Sie das Blatt flach in ein sauberes Waschbecken (oder befeuchten es auf beiden Seiten unter laufendem Wasser), bis es vollkommen gesättigt ist. Nehmen Sie es an einer Seite hoch, und lassen Sie den Überschuß an der gegenüberliegenden Ecke ablaufen. Legen Sie das nasse Papier mit der Vorderseite nach oben auf ein Brett, das gößer ist als der Bogen. Tupfen Sie überschüssiges Wasser mit einem Schwamm auf, und verwenden Sie diesen auch, um eventuelle Falten zu glätten. Befeuchten Sie ein 5 cm breites, gummiertes Papierklebeband, und kleben Sie, angefangen bei den Längsseiten, die Blattränder fest, so daß das Band etwa 1 cm übersteht. Lassen Sie alles *lufttrocknen*. Arbeiten Sie auf dem befestigten Blatt. Wenn Sie fertig sind, lösen Sie es mit einem Messer vom Brett.

Lassen Sie das Wasser von einem gründlich befeuchteten Blatt über eine Ecke abfließen.

Legen Sie das Blatt auf ein Brett, und glätten Sie die Fältchen mit einem Schwamm.

Befestigen Sie die Seiten mit gummiertem Papierband, und lassen Sie das Blatt trocknen.

72

LASIEREN Verdünnen Sie eine ausreichende Menge Farbe (Wasserfarbe, Gouache oder Tusche) mit Wasser. Befeuchten Sie gestrecktes oder schweres Papier auf einer um 10 bis 15 Grad schräggestellten Unterlage mit einem breiten Pinsel oder Schwamm. Tauchen Sie nun einen großen Flach- oder Rundpinsel (15–25 mm) in die Farbe, und ziehen Sie mit nur leichtem Druck einen Streifen am *ganzen* Oberrand des Papiers entlang. Füllen Sie Farbe nach, und ziehen Sie die folgenden Streifen so, daß sie jeweils den vorherigen etwas überlagern. Nehmen Sie den Überschuß an Farbe auf, der zum Unterrand eines Streifens läuft, und verteilen Sie ihn neu. Entfernen Sie mit einem Schwamm oder einem feuchten Pinsel den Überschuß, der sich am Unterrand des Blattes bildet.

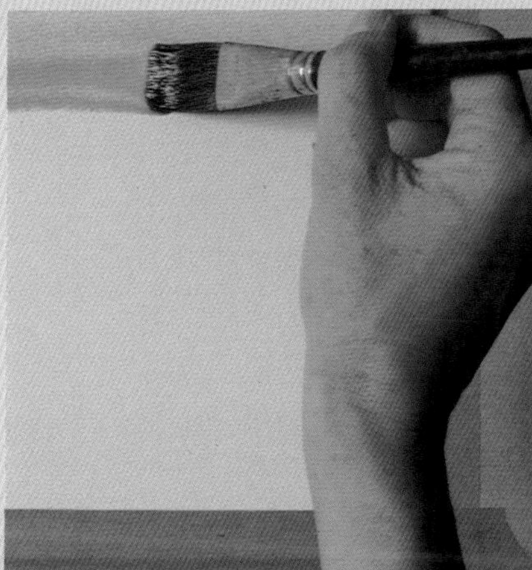

Ziehen Sie einen völlig durchtränkten breiten Pinsel von einer Papierseite zur anderen; der neue Streifen überlagert den vorherigen etwas.

Detailansicht der fertigen Lasur.

73

RICHTIG LASIEREN Stellen Sie Ihr Zeichenbrett schräg, und arbeiten Sie *zügig* von oben nach unten, damit die einzelnen Streifen nahtlos ineinander übergehen. Mischen Sie eine großzügige Menge Farbe an, und tauchen Sie auch den Pinsel üppig ein (ohne daß er tropft). Wenn Sie mittendrin aufhören müssen, ist die Arbeit verdorben. Füllen Sie den Pinsel nach *jedem* fertigen Streifen. Bewegen Sie den ganzen Arm. Hinweise: Malen Sie die Pinselstreifen nicht nach. Das Trocknen läßt sich mit einem Fön beschleunigen.

74

FÜNF LASURTECHNIKEN Hintergründe lassen sich unterschiedlich lasieren:

- Bunt gestreift: Tragen Sie einige Streifen für eine einfarbige flächige Lasur auf. Wiederholen Sie dies mit einer zweiten Farbe.
- Abgestuft: Fangen Sie mit Volltonfarbe an, und geben Sie bei jedem Streifen mehr Wasser zu, so daß Sie am Schluß mit fast klarem Wasser malen.
- Zweifarbig abgestuft: Tragen Sie eine Stufenlasur auf einer Blatthälfte auf. Drehen Sie das Zeichenbrett auf den Kopf, und lasieren Sie mit einer zweiten Farbe, so daß die Farben sich treffen.
- Zweifarbig verlaufend: Tragen Sie bei flachgelegter Unterlage eine flächige Lasur über einem Teil des Blattes auf. Drehen Sie das Brett herum, und tun Sie dasselbe mit der zweiten Farbe, bis sie die erste überdeckt.
- Variationen: Verteilen Sie Farben nach Belieben. Tragen Sie Farben auch übereinander auf. Vermischen Sie getrennte Farbbezirke mit klarem Wasser. Kippen Sie das Zeichenbrett abwechselnd.

Abgestuft

Zweifarbig abgestuft

Variationen

Bunt gestreift

Zweifarbig verlaufend

75

NACHBEHANDLUNG Nach einer Lasur können Sie

- denaturierten Alkohol (Methylspiritus) auf das feuchte Blatt sprühen.
- grobes Salz auf das feuchte, aber nicht tropfnasse Blatt streuen; nach dem Trocknen abschütteln. Versuchen Sie auch andere Salzarten.
- klares Wasser oder andere Farben auf das feuchte Blatt auftropfen.
- Farbspritzer mit einer Zahnbürste oder einem harten Pinsel auf das Blatt aufbringen bzw. nasses oder getrocknetes Papier mit dem Pinsel beklopfen.
- einen feuchten Naturschwamm einfärben und damit nasses oder getrocknetes Papier (auch unlasiert) betupfen.

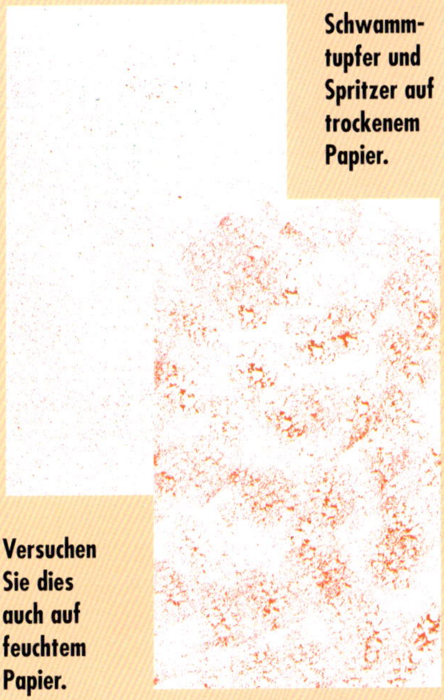

Schwammtupfer und Spritzer auf trockenem Papier.

Versuchen Sie dies auch auf feuchtem Papier.

76

LASUR MIT TEXTUR Legen Sie Frischhaltefolie über das frisch lasierte Blatt. Drücken Sie sie an, so daß sich Falten bilden. Ziehen Sie die Folie von dem trockenen Blatt (diese Technik wurde bei der Abbildung zu Tip 49 benutzt). Experimentieren Sie mit Gegenständen, die Sie auf die frische Lasur drücken und loslassen oder eindrehen: Tintenlöscher, Schwämme, Aluminiumfolie, Mull, Spitze, geknüllter Küchenkrepp, Kosmetiktücher und Wachspapier.

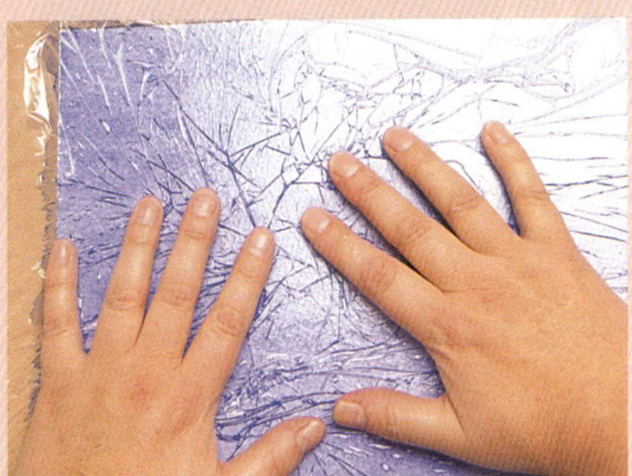

Bringen Sie Frischhaltefolie, die Sie über eine feuchte Lasur legen, in eine Faltenstruktur.

Die von dem getrockneten Papier abgezogene Folie hinterläßt eine interessante Textur.

Setzen Sie einem Flüssigspülmittel Farbe zu.

Pusten Sie mit einem Strohhalm Schaumblasen auf.

Pressen Sie ein Blatt Papier direkt auf die Bläschen.

77

SCHAUMPAPIER Mischen Sie in einer Schüssel einen guten Zentimeter Flüssigspülmittel (oder Seifenblasenwasser) mit einem Teelöffel Tuschfarbe (oder einigen Tropfen Lebensmittelfarbe), und geben Sie ein bis zwei Eßlöffel Wasser zu. Pusten Sie mit einem Strohhalm Blasen auf, bis der Schaum über den Rand steigt. Halten Sie ein Blatt mit der Vorderseite auf den Schaum, und nehmen Sie es wieder ab: Das Bläschenmuster hat sich auf das Papier übertragen. Wiederholen Sie dies an anderen Stellen des Blattes mit derselben oder einer anderen Farbe. Probieren Sie verschiedene Farben, Proportionen und Papiersorten aus.

Die Bläschen haben sich auf das Papier übertragen und bilden einen originellen Hintergrund.

78

PUSTELASUR Tropfen Sie einen Klecks Tusche oder Wasserfarbe aufs Papier, und pusten Sie ihn mit einem Strohhalm in alle Richtungen. Wenn das Blatt trocken ist (oder für verlaufende Farben noch naß), wiederholen Sie alles mit derselben oder mit anderen Farben. Provoziert das entstandene Muster in Ihnen ein Bild oder ein Gefühl? Arrangieren Sie passende Worte oder ein Gedicht auf Ihrer Komposition.

NÜTZLICHES

79 **HILFSLINIEN** Wenn Sie einen Leuchtkasten verwenden (siehe Tip 29), brauchen Sie auf Ihrem Originalblatt keine Hilfslinien einzuzeichnen und vermeiden so, die Schrift zu verschmieren. Ziehen Sie Linien entweder auf einem dünnen Blatt, das Sie mit Klebeband auf der Rückseite des Originals anbringen, oder ziehen Sie sie mit dem Bleistift auf der *Rückseite* des Originals.

Linien zu ziehen oder auszuradieren ist mit Hilfe eines Leuchtkastens ganz einfach.

80 **PAPIERKAUF** Kaufen Sie immer größere Papierbögen. Farben und Federn können Sie dann auf einem Muster des Originalpapiers ausprobieren. Notizen und Schriftproben lassen sich am Außenrand anbringen. Kaufen Sie auch immer ein paar Blatt mehr, als Sie brauchen – falls Sie mal einen Fehler machen.

81

SANDARAKGUMMI Sandarakgummi können Sie als Pulver oder in Stücken kaufen. Geben Sie ein bis zwei Eßlöffel in einen Beutel aus Baumwollstoff oder in einen dünnen Strumpf, und verschließen Sie ihn mit einer Kordel. Durch das Sandarakgummi werden die Schriftzüge scharf und die Haarlinien zart, wenn Sie auf sehr glattem oder porösem Papier schreiben bzw. Hintergründe überschreiben oder eine kleine Schrift mit Reibetusche ausführen. Stäuben Sie es mit dem Baumwollbeutel ein. Entfernen Sie Überschüsse mit einem weichen, trockenen Pinsel. Vorsicht: Manche Menschen reagieren auf Sandarakgummi allergisch.

82

FEHLER BEHEBEN Der Erfolg einer Korrektur hängt von der Farbe und dem Papier ab. Je poröser das Material ist, desto schwieriger wird es. Probieren Sie eine Korrektur auf einem Muster Ihres Schreibmaterials aus. Mit einem Radiergummi-Schutzschild oder mit Haftnotizen bewahren Sie den angrenzenden Bezirk vor Schaden. Ein Fehler muß vor der Korrektur zunächst durchtrocknen.

83

ERFOLGREICH KORRIGIEREN Schaben Sie Ihren Fehler vorsichtig mit einem Schablonenmesser mit Kurvenklinge, mit einem Skalpell oder einer Rasierklinge ab. Flicken Sie dann die Stelle, indem Sie ein Stückchen desselben Papiers (ggf. dünnes Briefpapier) darauf legen und die Fasern mit einem Polierstahl oder den Fingernägeln abrubbeln. Rauhen Sie nun die Stelle mit einem weißen Plastikradierer vorsichtig auf, damit keine Glanzstellen bleiben. Stäuben Sie Sandarakgummi darüber (siehe Tip 81). Überschreiben Sie den Fehler mit derselben Tusche wie vorher; benutzen Sie sie aber sparsam. Wenn Sie feststellen, daß die Schrift bei der Probekorrektur »ausfranst«, können Sie unmittelbar auf der Fehlerstelle korrigieren; lassen Sie die Korrektur jedoch gut trocknen, und entfernen Sie nur die überstehenden, unerwünschten Partien.

Jeder macht mal Fehler. Lernen Sie, sie zu korrigieren.

Fehlerhafte Stelle mit einem Messer abschaben.

Nach dem Abrubbeln mit Plastikradierer aufrauhen.

Mit einem Beutel Sandarakpulver betupfen.

Für die Korrektur darf die Feder nicht zu naß sein.

84

PINSELN STATT PUSTEN Radiergummireste, überschüssiges Sandarakpulver, Staub u. a. können Sie mit jedem weichen Pinsel oder einer Vogelfeder entfernen; sie müssen nur sauber und trocken sein. Pusten Sie nie, denn Speicheltröpfchen können alles ruinieren!

85 ZWEIGLEISIG ARBEITEN

Überwinden Sie die Scheu vor der endgültigen Fassung, indem Sie *zwei* Blätter beschreiben. Führen Sie alle Arbeitsabschnitte auf beiden Blättern aus: Wenn Sie dann einen schlimmen Patzer machen, können Sie problemlos auf das Zwillingsblatt überwechseln und müssen nicht wieder von vorne anfangen!

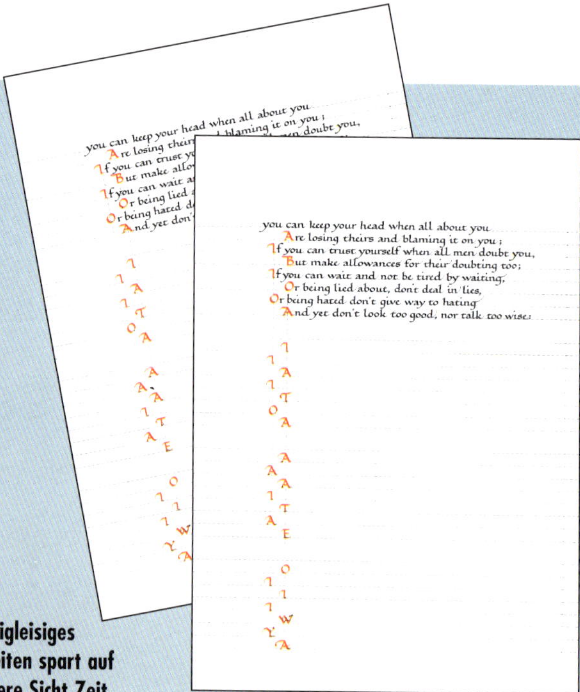

Zweigleisiges Arbeiten spart auf längere Sicht Zeit.

86 VERSCHIEDENE ELEMENTE

Wenn Sie davor zurückschrecken, Bild und Schrift auf einem Blatt zu kombinieren, dann schreiben Sie doch auf ein gesondertes Blatt, und führen Sie das Bild oder die Zeichnung auf dem Passepartoutkarton aus – oder umgekehrt! Stimmen Sie die Komposition ab.

Judy Kastin, *Les Fleurs*. Die Blumen wurden auf Reispapier gemalt und die Schrift auf Passepartoutkarton gezeichnet.

87

ARBEITSBUCH Ein Arbeitsbuch zu führen spart Zeit, wenn Sie später einmal ein ähnliches Projekt in Angriff nehmen. Halten Sie die Marken, Größen, Farben und Informationen zum benutzten Werkzeug und Material fest. Schreiben Sie auch die Rezepturen mit genauer Mengenangabe für Farbmischungen in dieses Buch. Bewahren Sie Ihre Notizen, Farbmuster und endgültigen Entwürfe in einer Kladde, einer Mappe oder einem Umschlag auf.

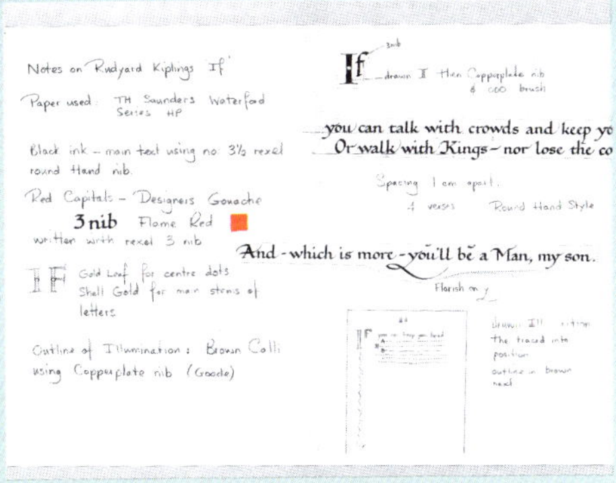

Notieren Sie alle Materialien und Techniken, die Sie für ein Projekt verwendet haben. Auch die Arbeitsdauer sollte jeweils festgehalten werden.

Judy Kastin, *Bamboo N.* Eine Farbstudie, ein Stück des verwendeten Papyrus und ein Foto kommen zu den Unterlagen.

88

DOKUMENTATION DER ARBEIT Von einer besonderen Arbeit sollten Sie ein Foto oder eine Farb- bzw. Schwarzweißkopie für Ihre Unterlagen machen. Wenn Sie einen Fehler gemacht und neu angefangen haben, heben Sie das verpatzte Exemplar auf (und beenden es, wenn möglich). So legen Sie sich einen Musterkatalog für zukünftige Arbeiten – oder als Demonstrationsmaterial für Kunden – an.

BESONDERES

89

KALLIGRAMME

Kalligramme sind Kompositionen, bei denen Wörter oder Buchstaben ein Bild ergeben. Dabei kann man ein Wort bzw. einen Satz wiederholen oder einen Text darstellen. Skizzieren Sie die gewünschte Form mit Bleistift, und schreiben Sie daran entlang. Drehen Sie dabei das Blatt, um den Schreibwinkel beizubehalten. Oder füllen Sie die gezeichnete Form mit Text. Versuchen Sie, zu anderen Federgrößen, Schreibstilen, Farben u.ä. zu wechseln. Radieren Sie alle Umrisse aus.

Villu Toots schuf dieses reizvolle Kalligramm.

90

VORMARKIEREN UND FALTEN Nachdem Sie ausgemessen und markiert haben, wo ein Blatt gefaltet werden soll, empfiehlt es sich, mit einer Büroklammer, einem Falzbein oder irgendeinem stumpfen Instrument an einem Lineal vorbeizufahren, so daß eine Rille ins Papier gedrückt wird. Heben Sie das Blatt hoch, und falten Sie es entlang der Rille. Fahren Sie mit dem Fingernagel, einem Falzbein oder dem Rücken eines Löffels über den Falz. Damit kein unerwünschter Glanz entsteht, legen Sie vorher Pauspapier über den Knick.

Ziehen Sie mit dem Falzbein eine Rille ins Papier, bevor Sie es falten.

Heben Sie das Papier hoch, und falten Sie es über das Lineal.

Ziehen Sie mit dem Falzbein die Falte kräftig nach.

91

RICHTIG ZUSCHNEIDEN Legen Sie den Papierbogen auf eine kratzfeste Unterlage oder auf Karton. Decken Sie den Papierteil, den Sie verwenden wollen, mit einem Stahllineal oder einer Schneideschablone ab (falls das Messer abrutscht). Führen Sie das Messer leicht in spitzem Winkel daran entlang; dabei sollte es mit etwas mehr als der Spitze aufliegen. Wiederholen Sie diesen Vorgang, bis das Blatt durchgeschnitten ist. Klingen häufig wechseln.

92

BUCH OHNE BINDUNG Beschreiben und schmücken Sie eine Seite eines rechteckigen oder quadratischen Blattes. Falten Sie es in der Hälfte der Breite (1) und noch einmal in der Breite (2) und längs (3). Falten Sie es zweimal auseinander (4), und schneiden Sie es vom geknickten Rand zur Mitte hin auf. Auseinanderfalten (5). In der Mitte längs falten (6). Jeweils an den hinteren Vierteln festhalten und zusammenschieben (7), bis die Viertel sich treffen. Buch schließen (8). Falz mit Falzbein andrücken (9).

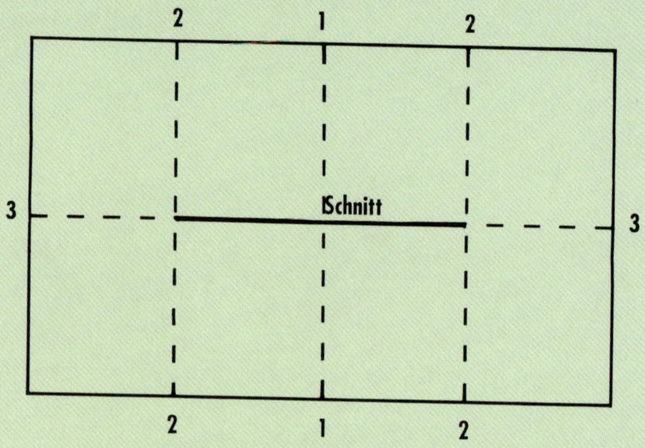

Falten und schneiden Sie sich dieses einfache, kleine Buch zurecht.

93

LEICHT GEHEFTET Schneiden Sie Papier für die Buchseiten je nach Wunsch zu. Nehmen Sie für den Einband etwas schwereres Material, und schneiden Sie es etwas größer zu als die Seiten. Markieren Sie den Falz für jedes Blatt (siehe Tip 90), und falten Sie es in der Mitte. Sortieren Sie die Blätter wie gewünscht. Markieren Sie drei (oder fünf) Löcher für das Zusammenheften. Stechen Sie mit einer Stopfnadel vorsichtig Löcher durch jeden Falz. Mit einem Faden von starkem Zwirn oder Stickgarn (ohne Endknoten), der mehr als doppelt so lang ist wie der Buchrücken, müssen Sie nun die Blätter zusammennähen, den Faden festziehen, ihn doppelt verknoten und abschneiden. Beschreiben können Sie die Blätter vor oder nach dem Heften.

94

BÜTTENRAND Legen Sie ein Lineal 5 bis 10 mm von der Papierkante entfernt an (knicken Sie schwereres Material entlang des Lineals ein paarmal hin und her). Tauchen Sie einen kleinen Rundpinsel in klares Wasser, und ziehen Sie damit einen dünnen Strich am Lineal entlang, um die Fasern aufzuweichen. Reißen Sie die Kante nun langsam und vorsichtig ab, aber bewegen Sie sie dabei etwas hin und her, so daß ein ungleichmäßiger Blattrand entsteht. Alternativ können Sie die Schnittkante des Papiers auch mit Schmirgelpapier bearbeiten. Probieren Sie diese Techniken auch für andere Formen aus.

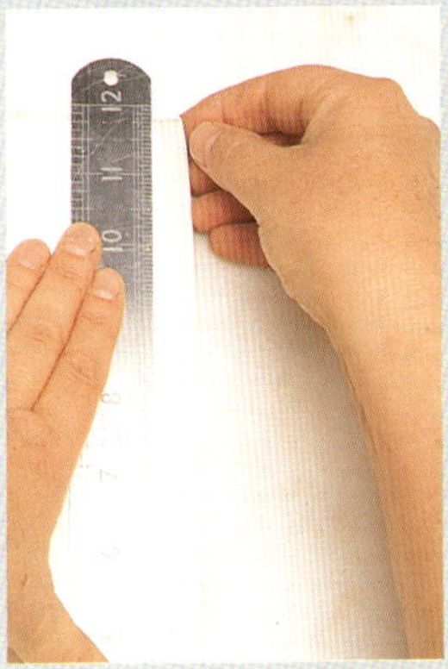

Knicken Sie schweres Papier mit Hilfe eines Lineals.

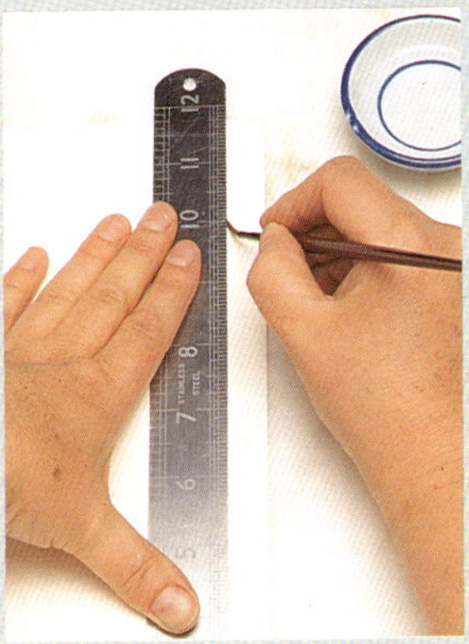

Ziehen Sie einen nassen Pinsel am Lineal entlang.

Reißen Sie die Kante ab, so daß ein Büttenrand entsteht.

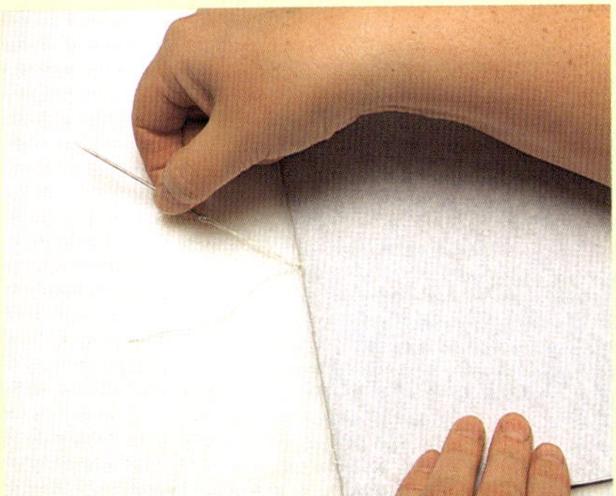

95

GOLDKANTEN Präsentieren Sie Ihr Werk mit einem Hauch Gold. Dazu befestigen Sie etwa 3 mm von der Blattkante entfernt Abdeckband. Dann nehmen Sie einen Goldmetallicmarker oder tauchen einen Schwamm in Goldfarbe und betupfen den Rand. Sie können auch einen Transparentklebestift oder Embossing-Farbe auftragen, goldfarbenes Prägepulver darüber stäuben und mit einer Heißluftpistole trocknen.

Bringen Sie einen Klebestreifen unter der Blattkante an, und tragen Sie Embossing-Pulver auf.

96

UMSCHLAG-SCHABLONE Gestalten Sie z. B. eine Karte so, daß sie in einen schon vorhandenen Umschlag paßt. Falten Sie diesen Umschlag über Wasserdampf auseinander, und legen Sie ihn auf starkes Papier, wie etwa Zeichenkarton. Zeichnen Sie die Umrisse nach, und schneiden Sie sie aus. Dieses Muster können Sie nun auf das gewünschte Umschlagpapier legen und die Umrisse nachzeichnen. Falten Sie den Zuschnitt (siehe Tip 90), und kleben Sie ihn zusammen.

Ziehen Sie einen gekauften Umschlag über Wasserdampf auseinander.

Fertigen Sie aus Karton eine wiederverwendbare Schablone an.

Streuen Sie Embossing-Pulver auf die feuchte Farbe, und schütten Sie überschüssiges Pulver ab.

Der Klebestreifen wird abgenommen; eine Heißluftpistole schmilzt das Pulver.

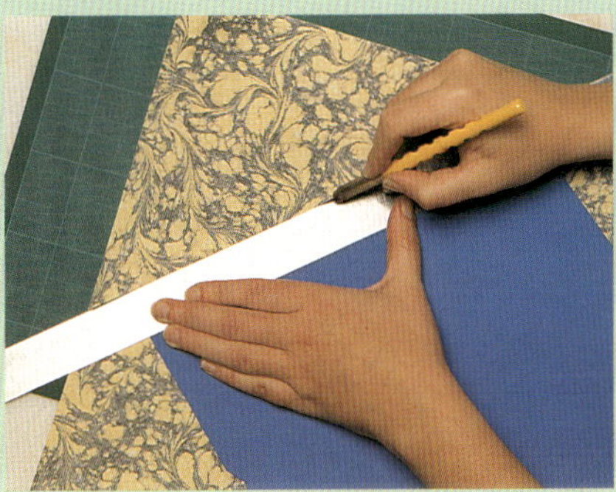

Wählen Sie das passende Papier für Ihre Karte; ziehen Sie die Umrisse der Karte nach, und schneiden Sie sie aus.

Markieren und knicken Sie die Falten mit einem Falzbein. Kleben Sie den Umschlag zusammen.

97 UMSCHLÄGE ANFERTIGEN

Schneiden Sie Papier in der doppelten Breite und Länge Ihrer Karte zu. Legen Sie sie quer in die Papiermitte, und schieben Sie sie nach oben, so daß unten mehr Papierfläche ist. Schlagen Sie zwei Seiten ein, falzen und falten Sie sie auseinander; ebenso auf der anderen Seite. Schneiden Sie die Ecken in Form. Schlagen Sie die Seiten und dann die untere Klappe um. Stecken Sie die Karte ein, und schließen Sie die obere Klappe mit Kleber.

98

TROCKENGESTELL Falzen Sie einen Zeichenkarton von etwa DIN-A4-Größe der Länge nach in der Mitte. Ziehen Sie im Abstand von 15 mm entlang der offenen Kante eine Linie. Zeichnen Sie entlang des Falz alle 2 cm und alle 2,5 cm eine Markierung ein, und verbinden Sie die Punkte mit der Längslinie. Schneiden Sie nun diese zehn Schlitze aus. Ziehen Sie den Karton längs etwa 10 cm auseinander. Alternativ können Sie das Gestell mit Klebeband auf einem Stück Karton befestigen. Stecken Sie Ihre Karten u. ä. zum Trocknen in das Gestell. Fertigen Sie mehrere solcher Gestelle an, und falten Sie sie zum Aufbewahren.

Schneiden Sie in gleichmäßigen Abständen Schlitze in ein Stück Karton.

In diesem Trockengestell können Ihre Arbeiten trocknen, ohne sich zu berühren.

99

WASSERDICHT Wenn Sie Ihre Arbeit gegen Nässe schützen müssen (z. B. Umschläge), sollten Sie bedenken, daß die meisten Fixative giftig sind. Tragen Sie eine schützende Staubmaske, und sprühen Sie Fixativ immer nur im Freien auf, auch wenn Ihre Innenräume gut belüftet sind. Wenn Sie das Sprühen ganz vermeiden wollen, experimentieren Sie mit wasserfesten Tuschen, Faserschreibern oder verdünnten Acrylfarben, oder versuchen Sie eine Schicht Kerzenwachs aufzureiben.

100

KALLIGRAPHISCHE ALPHABETE Viele Kalligraphen haben Freude daran, kunstvolle Alphabete zu schreiben. Auch Sie können dies versuchen. Erforschen Sie die Möglichkeiten der Alphabete: Buchstaben kann man dicht aneinanderrücken, übereinandersetzen oder ineinanderlaufen lassen. Es lassen sich Schichten über die Buchstaben auftragen oder Motive hinzufügen. Erkunden Sie so den Umgang mit Werkzeugen und Techniken, die dieses Buch vorstellt, und entwerfen Sie gleichzeitig ein faszinierendes Spiel der Buchstaben.

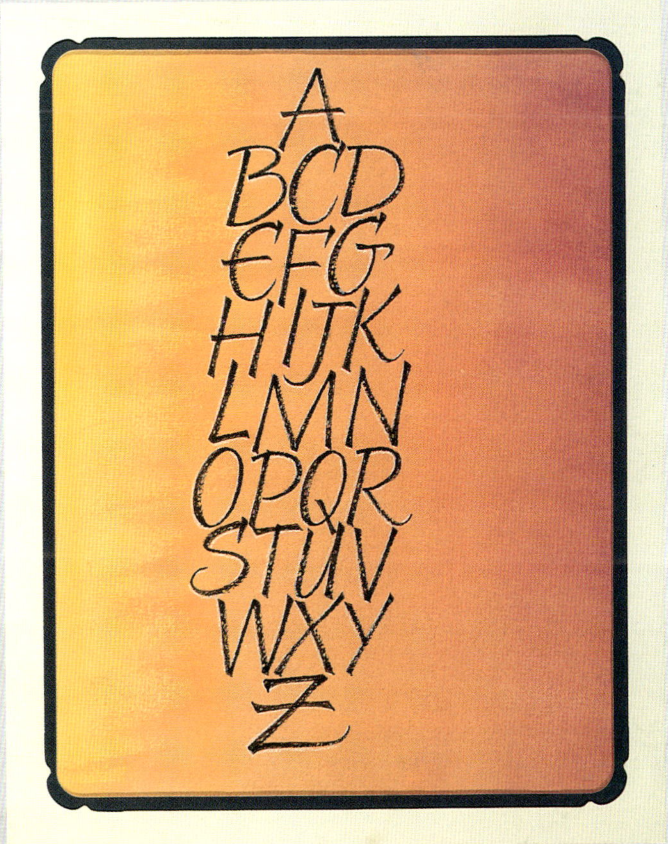

Judy Kastin, *Alphabet*.
Dieses Alphabet wurde mit einem spitzen Pinsel geschrieben. Der Hintergrund wurde mit einem Schwamm auf Aquarellpapier aufgetragen.

INFORMATIONEN ZU KALLIGRAPHISCHEN VEREINIGUNGEN UND ANBIETERN

Werner Hiltbrunner
Postfach 6
CH-3000 Bern 26

Freündeskreis
Kalligraphie
Karl Wilhelm Meyer
Nördliche Hildapromenade 18
76133 Karlsruhe

Elmar Hagen
Morgenstraße 18
Postfach 172
A–6890 Lustenau

Schreibmaterialien, die Sie nicht in Ihrem Haushalt finden, sind im guten Fachhandel für Künstler- und Bastelbedarf oder z.B. über J. Gerstäcker Verlag, Obere Hardt 27, 53783 Eitorf erhältlich, der auch einen umfangreichen Katalog für Künstlerbedarf herausgibt.

QUELLEN

Unter Mitwirkung von:
Art director: Elizabeth Healey
Design: Tanya Devonshire-Jones
Fotos: Laura Wickenden
Lektorat: Karyn Gilman
Cheflektorat: Kate Kirby
Bildbeschaffung: Susanah Jayes
Bildredaktion: Giulia Hetherington
Redaktionsleitung: Mark Dartford
Art director: Moira Clinch

Die Autorin stellte folgende Illustrationen und Arbeiten zur Verfügung:
16, 34, 37, 43, 55, 58, 60, 61, 62 (-3), 66, 86, 88, 100
Soweit nicht anderweitig gekennzeichnet, stammen alle anderen Illustrationen von Annie Moring.
Alle erläuternden Abbildungen: Annie Moring

Tip 20 – Mary White - *The Sun*
Aus »The Waves« (dt. »Die Wellen«) von Virginia Woolf – Hogarth Press (1931), mit freundlicher Genehmigung durch Virginia Woolf Nachlaßverwaltung und Hogarth Press

Tip 40 – Nancy Leavitt – *The Seafarer*
Aus dem Exeter Book, 10. Jahrhundert, anonymus, Herausgeber Walter Tisdale, Tatlin Books, Bangor; aus dem Mittelenglischen übersetzt von Karl Young, Kenosha, Wisconsin, USA.
Tip 51 – *Stopping by Woods on a Snowy Evening*
Gedicht von Robert Frost
Kalligraphie von Mike Kecseg

DANKSAGUNGEN

In dankbarer Anerkennung der Kalligraphen, die über die Jahre so großzügig ihre Erfahrung und ihr Wissen weiter gegeben haben. Mein besonderer Dank gilt Kate Kirby für ihre Begeisterung und Geduld, Kary Gilman für ihre hervorragenden Ideen, Marcy Robinson für ihre hilfreichen Kommentare, Annie Moring und all den Schreibmeistern, die ihr außerordentliches Talent zur Verfügung stellten, sowie Elizabeth Healey und allen Mitarbeitern des Verlages, durch die dieses Buch erst Gestalt annehmen konnte.